東京23区
区立博物館
"辛口"批評

千場辰夫

花伝社

東京23区　区立博物館〝辛口〟批評◆目　次

城北エリア

はじめに

全国の市区町村（基礎自治体）の多くは、その地域の歴史を中心に展示する博物館（ミュージアム）を持っている。市立博物館、歴史民俗資料館、郷土資料館、ふるさと文化館などと呼ばれる。それらは、国立や都道府県（広域自治体）立の博物館に比べ、一般にはるかに貧弱で、訪れる人もほとんどなく、さらにはその存在さえあまり知られていない。展示も往々にして学校教育の付け足し程度のかた苦しく面白みのない内容であり、興味をいだくものは少ない。時に「物置」と揶揄され、ハコモノ行政の無駄な産物と批判される場合もある。

本書はそんな市区町村立の博物館を見直し、その興味深さを記すとともに、それを多様に活用すべきことを説こうとした。市区町村の博物館は、何よりその地の個性や特徴を凝縮して表現している（あるいは表現すべきである）。あの歴史上の人物がこの地で生まれ、あるいは一時期を過ごした、あの歴史的事件がこの地で生じ、あるいは思わぬ関係があった、現在ではどこにでも見ることができるコトやモノが実はこの地から発祥した、様々な改革や改良がこの地を舞台に行われた、他の地域とは異なる個性的なモノやコトが今でもこの地に存在している、等々、その地の博物館展示を見て初めて気がつき興味をそそられることがある。

このように地域（基礎自治体）の博物館とは、歴史的に蓄積されてきた地域の様々な個性（ヒト、モノ、活動、技術等）を調査探求し、それらを具体的に表現（「見える化」）する機能を持っている。しかもそうした個性を表現する際、展示における様々なデザインや手法・仕掛けによって、ワクワク・ドキドキ感、驚きや不思議さ・心地よさなどの人間の様々な感覚を刺激する工夫が必要となろう。近年そうした手法を取り入れる博物館も目立つ。

こうして表現された地域の個性が、その地域の魅力となり価値となって地域の誇りを高めるとともに、地域の人々の「つながり」を強め、地域で取り組む様々な協働の活動を促していくのである。地域の個性とは、まさに「地域のブランド」であり「地域の宝」であるともいえよう。

玉村雅敏編著『地域を変えるミュージアム』には、全国各地の先進的博物館のそうした事例が、数多く紹介してある。障害者や高齢者がスタッフとして働くとともにその作品が展示され、あるいは古い生活用具を活用する回想法を取り入れて認知症ケア事業を行うミュージアム、街中に作品を点在させ街並みと一体となる、あるいは中心市街地に賑わいを創出するミュージアム、観光資源とつなげる役割を担い、あるいは地域産業と連携し、さらには「新産業創出」をミッションに掲げるミュージアム、劇団と連携したり、様々な「参加体験型」プログラムをもつミュージアム等々。

まさに地域の博物館とは、今日、地域の個性の「見える化」を通じて、人々の協働プロジェクトを促し、地域社会の抱える様々な課題に積極的に取り組み、地域の新たな価値を共創し、ひいては地域社会そのものを変革していく可能性、「地域社会を画一化から解放し、個性的で創造性あふれるライフスタイルを実現する場として変容させる」可能性を持つものといえよう。

しかしそのための課題はなお多い。多すぎるといってよいだろう。とりわけ市区町村（基礎自治体）

の博物館、中でも歴史系の博物館にとっては尚更である。その中でも比較的整備されているのは東京の区立博物館であろう。その区立博物館において、その地域の〈個性的なもの〉がどのように表現されているのか、その博物館はどんな活動をし、どのような役割を担っているのか、そんなことを念頭に置きながら、これから基礎自治体の博物館としての全二三区の区立博物館を訪れてみよう。そして最後にその区の全体的な個性・特徴を考察しよう。それは筆者なりの一つの解釈であり（あるいは物語と言っていいかもしれない）、本来、区民の一人ひとりが、自分の住む区の個性を自由に考え解釈してもよいであろう。またそのことが、今も続く江戸ブームのなかで、地域という角度からするもう一つの江戸・東京論を考えることでもあろう。

なお、本書の記述は概ね各館の常設展示図録および展示解説に拠るが、その他にも各館には企画展や特別展の際に作られるテーマごとの多様な図録がある。学芸員の汗と研鑽の結晶である図録は、一般の書籍とは異なり、あまり注目を浴びるものではない。とりわけ市区町村の博物館の図録においてはなおさらである。しかし中には極めて優れた図録も多々ある。本書ではできるだけそうした図録を紹介し取り上げたいと考えている。

東京の歴史系博物館といえば、国立博物館や都立の江戸東京博物館のみが脚光を浴びている。しかし区立博物館には、それらにはない地域独自の展示や、興味深い図録も多い。読者はぜひ、本書を手に区立博物館を訪れていただくとともに、自分の住む地の博物館を訪ね、地域のこれまでを知り、地域のこれからのあり方を考えていただきたい。

僭越ではあるが、読者の興味を引くためにも、筆者なりの各館の評価を表したものを本書に掲げた。評価の基準は、おおよそ以下の諸点である。

①展示・解説

常設展示の規模や面白さ、解説の分かりやすさや工夫、展示の新しい取り組みへの意欲、常設展示図録や解説シートの有無と内容。

②立地・施設

市民が訪れやすい立地条件、建物の規模やデザイン、内部構造（動線やユニバーサルデザイン）、レストランやショップ・図書室・教室・ホール・映像コーナー・市民ギャラリー等を含めた博物館機能の多様性を確保する施設の有無。

③運営・事業

企画展の開催状況や企画展示図録等出版物の多様性（＝調査研究事業の活発さ）、ボランティア活動・学校教育や社会教育との連携、高額入館料や撮影禁止等の無用な利用規制の有無（本来この運営・事業という点で、学芸員の人数とその待遇、広報活動やホームページの充実度の問題は極めて重要な評価基準であるが、今回はその点を考慮していない）。

④個性・オリジナリティ

当該自治体の様々な個性をどれだけ表現しているか（特にこの点を重視したので、特定のテーマに特化した「テーマ型博物館」の評価は低い）、当該自治体政策（特にまちづくりや福祉施策）との連携等、従来の博物館機能を超える役割を追求しているか。

これらはもちろん厳密なものではなく、読者が自ら訪れて自分なりの判断をしていただく目安にすぎない。読者および各館関係者の批判を喜んでお受けしたい。

なお、ここでいう区立博物館とは、区立のすべての博物館ではなく、「歴史系」の博物館であり、さらに区立の中心的な一つの「歴史系」博物館である（「区立」と「歴史系」を対象とすることについては「むすびにかえて」で詳述）。

また博物館（ミュージアム）は、制度上、博物館法に規定する①「登録博物館」、②「博物館相当施設」、および博物館法の適用を受けない③「博物館類似施設」があるが、本書では、そうした制度上の区別にはまったくとらわれず、博物館機能を有する文化施設を対象としている。

したがって本書で取り上げた区立博物館とは、区立の「歴史系」博物館機能を有する中心的な文化施設である。

末尾ではあるが、展示品等の写真の掲載をご承認ないしご提供いただいた各博物館にお礼を申し上げたい。各写真は「○○博物館所蔵」であり、「○○博物館提供」の写真であるが、編集上、各写真ごとにそれらを明記できなかった。博物館によってこうした明記を要請する所としない所があり、また写真掲載のスペースが小さすぎる点などによる。この文でそれに代えることで、お許しねがいたい。

また各博物館の学芸員の皆様には、貴重なご助言やご説明を多くいただいた。ここで改めて感謝を申し上げたい。

都心・副都心エリア

1　千代田区立日比谷図書文化館
2　中央区立郷土天文館（タイムドーム明石）
3　港区立港郷土資料館
4　文京ふるさと歴史館
5　新宿区立新宿歴史博物館
6　白根記念渋谷区郷土博物館・文学館
7　豊島区立郷土資料館

1 千代田区立日比谷図書文化館

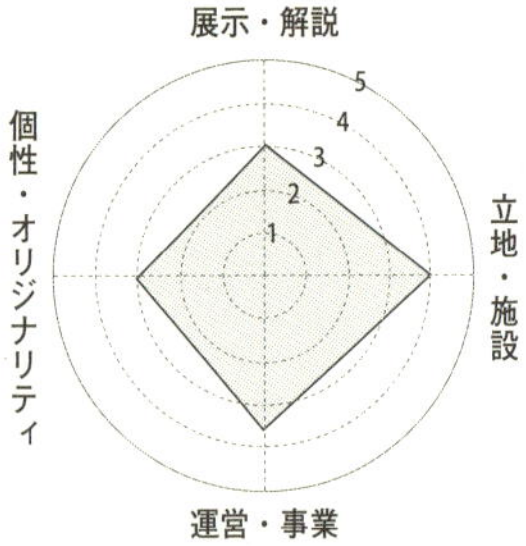

総合　★★★

〒100-0012
千代田区日比谷公園 1-4

03–3502–3340

［開館時間］
月曜日～金曜日／ 10：00 ～ 22：00
土曜日／ 10：00 ～ 19：00
日曜・祝日／ 10：00 ～ 17：00
［休館日］
毎月第 3 月曜日、12 月 29 日～ 1 月 3 日、特別整理期間

常設展無料（特別展は別料金）

常設展示図録あり

フランスの哲学者ロラン・バルトは、そのユニークな日本文化論である『記号の国』（『表徴の帝国』とも訳される）のなかで、東京にはなるほど中心があるが「その中心は空虚である」という有名な言葉を記した。彼によれば、西欧の都市の中心とは、精神の（教会）、権力の（役所）、金融の（銀行）、商業の（デパート）、言葉の（広場）の中心であり、あらゆる価値が集中・凝縮し充実した、特別の場、真理の場である。これに対して東京の中心は空虚（「神聖な無」）であり、この中心のまわりを、毎日タクシーが迂回しながら走っていくように、人々の日々の活動はこの中心の周りで展開される。東京という都市の動き全体を、中心の空虚さが支えているかのように。この「空虚な中心」のある場所こそ現在

の千代田区であり、この区の歴史的個性の一つは、バルトが「空虚な中心」と言った巨大な江戸城（別名は千代田城であり区名の由来となっている）、現在の皇居をそのうちに有していることにある。「空虚な中心」という点は、本章の最後にもう一度立ち返ろう。

千代田区立日比谷図書文化館は日比谷公園の一角にあり、地下鉄千代田線、日比谷線、丸ノ内線の霞ヶ関駅からほど近い。もともとは東京都立日比谷図書館であったが、都から千代田区に移管された後、全面改修されて、図書館、博物館（ミュージアム）、そして様々な講座やイベントを行う「カレッジ」が三位一体となった総合文化施設として生まれ変わった。それが二〇一一年一一月に開館したこの日比谷図書文化館である。

一階にミュージアムが、二、三階は図書館が、四階と地下一階に大ホールや小ホール、セミナールームなどがある。一階入口には受付とともにコンシェルジェカウンターがあり、この館全体の案内をしてくれる。それまで千代田区は千代田区立四番町歴史民俗資料館という小さなミュージアムを持っていたが、それがここに移転し拡充され、きれいな現代的ミュージアムに生まれ変わった。ミュージアムは常設展示室と特別展示室をもつ。一階奥に広いミュージアムショップとカフェ（Library shop & Cafe）が設置されている。ショップのなかには、今戸人形や芝原《しばら》人形、江戸切子や江戸漆器なども置かれているが、それらは千代田区の特産ではなく、芝原人形にいたっては今戸人形をルーツとするとはいえ千葉県の特産である。さらにはこのショップのメインは、江戸東京全体に関する書籍と文房具である。千代田区のミュージアムとして、もっと区の個性を表すものを置くべきであろう。

「水の武士団」江戸氏

開館時には『常設展示図録』がなかったが、その後一年を経てようやく刊行された。七〇〇円と手頃なわりに、展示の背景がよく分かる詳細な図録である。この図録を参照しながら千代田区の特徴的な展示を見よう。

現在の千代田区は、古代においては武蔵国のうちの豊島郡湯島郷と荏原郡桜田郷からなる武蔵野の東端にあたり、中世に至るまで武蔵野の原野がなお残る閑散たる寒村であった。平安時代末に、桓武平氏の秩父氏の一族である江戸氏がこの一帯を領した。このミュージアムの展示では、江戸氏に「水の武士団」という興味深い視点を与えている。江戸湾奥のこの地は水陸交通の要地であって、西国からの船が着き、集まった物資を河川によって関東の内陸へ運ぶ拠点であったとしている。この水運をおさえ、それによる経済活動を基盤としたのが江戸氏であった。なお「江戸」という地名の由来はいくつかあるが、このミュージアムでは、川が海に臨んだ江の戸（入り口）、あるいは入り江のある所というような意味を採用している。かつては日比谷入江という入江が、江戸城の眼前まで深く入り込んでいた。現在の神田、日本橋、新橋、田町あたりまでの東京中心部は海の底であった。

近年の研究によって、中世の江戸はすでに遠く西国と結ばれた遠距離海運の要衝の地となっていたことが分かってきた。常滑や瀬戸など東海地方の焼き物の他、中国の景徳鎮《けいとくちん》や龍泉窯《りゅうせんよう》の陶磁器、中国から輸入された銭なども出土し、この地に集まってきたことが展示されている。

モノだけでなく、京都、伊勢、熊野などの宗教者もやってきて、布教活動を行った。すでに一三世紀には江戸氏の一門は熊野信仰を受容しているのである。のみならず中世の宗教者は、土木・治水技術（彼らは橋や道をつくる技術を持っていた）、天文的知識、医学・薬学的知識、文書作成能力を持ち、また米銭の貸付等の金融活動により富を蓄積するものも現れた。こうしてヒト・モノ・情報が集まるこの地を支配した江戸氏は、「大福長者」といわれるほどに隆盛を誇った。江戸氏は源頼朝の挙兵後にはその有力な援助者となったのである。

しかしこの展示の問題は、その湊がどこにあったのかを示していないことであろう（日比谷入江がその繁栄する湊であったように類推できるが）。その主要な湊の地は、現千代田区の日比谷入江というよりも、現台東区から現荒川区にかけての「石浜」の地であり（荒川区の章参照）、当時は海がこのあたりまで入り込んでいたのである。もう一つは「品川湊」の地にあった（品川区の章参照）。太平洋海運の玄関口となる品川、関東内陸への物資輸送の拠点となる石浜、江戸氏はとりわけ石浜の地を支配することによって、その経済基盤を築き、現東京都の各地にその一族を分岐していったのである。日比谷入江はその中間にあるといえ、「水の武士団」江戸氏の主要な経済的拠点と果たして言えるのであろうか。

太田道灌と江戸城

室町期に江戸氏を追った太田道灌の名は、武将としてのみならず、政治家としてまた文化人として今日にいたるまで高い。その歌人としての名は都にまで聞こえた。このミュージアムは道灌に関する展示にそれなりのスペースを割いている。

室町時代、関東の地は、鎌倉公方足利氏と関東管領上杉氏がそれぞれに分裂しながら対立し、複雑な内乱状態にあった。こうしたなか扇谷《おうぎがやつ》上杉氏は、一四五七（長禄元）年、当時の軍事境界線にあった江戸と河越（現埼玉県川越）に太田父子をして城を築かせ、太田道灌を江戸城に配置した。これが江戸城の始まりである。もちろん後の壮麗な江戸城ではなく、堅固ではあったが辺鄙な片田舎の城であったろう。この城で道灌の詠んだ次の歌は、辺境の板東にもこうした文化人がいるのかと都人を驚かせた。

わが庵は　松原つづき　海近く　富士の高嶺を　軒端《のきば》にぞ見る

当時の江戸城ののどかな情景が偲ばれる。道灌は扇谷上杉氏の「家宰」という、軍事権や政治権を実務的に統括する地位にあった。しかし後にその主の上杉定正は道灌を恐れて謀殺するにいたる。実際は上杉定正の個人的嫉妬よりも、上杉家諸勢力の内部対立が原因であったろう。一四八六（文明一八）年のことであった。この時、道灌は「当方（扇谷上杉氏のこと）滅亡」と叫んだといわれる。実際、後の一五二四（大栄四）年、道灌の孫とされる資高の内通により、扇谷上杉氏は小田原北条氏によって滅亡させられるのである。道灌謀殺の悲劇もあってか、江戸期において道灌は「悲劇の英雄」として伝説化され、今でも関東各地にいくつかの道灌の銅像が建っている。

小田原北条氏の支配下で城代として江戸城に入ったのは遠山氏である。「遠山の金さん」こと江戸町奉行・遠山金四郎景元は、残念ながらこの城代遠山氏の子孫ではなく、別系統である。他方、城代の遠山氏は小田原北条氏の滅亡とともに衰退する。これまであまりわかっていなかった北条期から家康入府の頃の江戸城は、近年の調査研究によりおぼろげながら明らかになってきた。城の北端は現在の北の丸周辺、南端は現在の虎ノ門周辺、西端は後の喰違門周辺、東端は現在の八重洲付近（近世の江戸城の内郭くらいの範囲）であった。

八重洲あたりには、八重洲北口遺跡が示しているように、中世の墓域（一五八〇年代～一六〇〇年代）の跡が残されているが、なんとキリシタン墓まで発見されている。展示はその解説や写真とともに、副葬品であるメダイ（メダル状の金属製品）やロザリオ（十字架）を展示している。埋葬されているのはキリスト教に帰依したアジア人とみられる。キリシタン墓については、キリシタン大名であった高山右近の摂津高槻城（大阪府）の中に、また大友宗麟の府内城（大分県）の中などに発見例があるが、キリシタンとは直接の関係が見当たらない江戸城端に発見されたのは極めて珍しい例であろう。もっとも一五九九（慶長四）年頃に江戸にもキリスト教会堂が建設され（内藤昌『江戸と江戸城』）、また家康の侍女にもキリシタン女性がいたといわれている。

メダイ（表面に聖母像が刻印）

一五九〇（天正一八）年、豊臣秀吉によって小田原北条氏は滅亡し、八月一日（八朔）に徳川家康が江戸に入った。以来、江戸期を通じてこの日は記念日となる。一六〇三（慶長八）年に征夷大将軍に就任し江戸に幕府を開いた家康は、翌年から諸大名に号令を発し、江戸城築城に着手した。以後、一六〇六（慶長一一）年から一六三六（寛永一三）年にいたる家康・秀忠・家光三代三〇年間を費やして、江戸城は近世最大の城郭として完成したのである。

築城と並行して江戸の都市づくりも行われた。江戸城眼下の日比谷入江を埋め立て、掘割や街道などの交通網の整備、大名屋敷地や寺社地の配置整備、町人地の町割整備、生活用水確保のための水道整備などが行われた（「天下普請」）。特に水道整備は、一七世紀中頃以降の急速な人

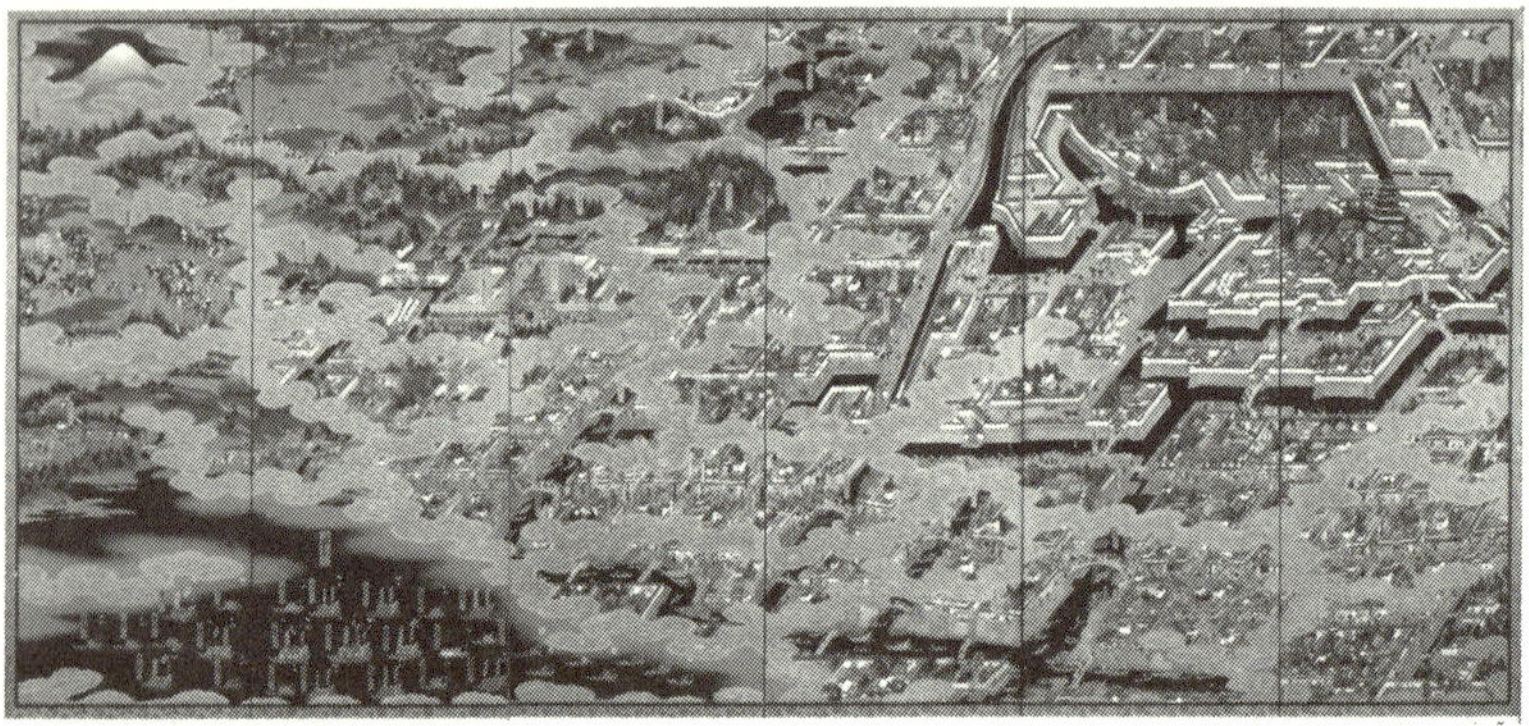

江戸図屏風左隻（複製）

口増大に対応して再整備が余儀なくされ、多摩川の水を遠く羽村で取水する四三キロにも及ぶ玉川上水が建設された。江戸期の特筆すべき大土木工事であったといえよう。この水道の木製水道管は他のいくつかの区のミュージアムでも展示されているが、丸の内で発見された最下流域の水道管がこのミュージアムでも展示されている。

江戸城が完成した三代家光期の江戸の全体を描いた「江戸図屏風」左隻（複製）が説明なしでポツンと展示されている。本来、この絵は家光の事跡を顕彰する目的で製作されたものであり、このミュージアムのメイン展示の一つであろう。美術品としても一見に値するが、歴史的資料として展示するのであれば、ビデオ解説以外にも、この屏風に関するいくらかの情報を展示してほしいものである。ともあれ以後、江戸は急速に発展をとげ、大いに繁栄した。

千代田区の四つの顔

このミュージアムの展示は、江戸後期の庶民文化の開花にとって決定的な役割を果たしたのが、この時期の「印刷と出版流通」の発展であることを強調している。今日の広告チラシに当たる引札《ひきふだ》、時に絵図や地図をまじえ様々な物事を報じたかわら版、大名や幕府の役人名鑑である武鑑などが庶民の情報源となり、貸本屋の発達によって黄表紙・合巻・読本などの通俗小説の読者が拡大して、数々のベストセラーを生んだ。また美人画・武者絵・役者絵・風景画などの錦絵、娯楽場や寺社を訪れるための名所案内（とりわけ神田雉子町《きじちょう》の町名主であった斉藤月岑《げっしん》が江戸末期に刊行した『江戸名所図会』は今日にいたるまで有名である）、力士のみならず、役者、遊女、作家、学者、医者、料理屋、祭礼などの様々な番付などが印刷出版され、階層を問わず広く流通したのである。

一八六七（慶応三）年、一五代将軍徳川慶喜は「大政」を「奉還」した。新政府内では京都や大坂に首都を置く意見が大勢を占めていたという。とりわけ新政府の実質的な最高責任者である大久保利通は、当初「浪華（大坂）遷都」を建白していた。江戸遷都が決定したのは、日本の郵便の父・前島密らの緻密な論理を持った建言が大久保を動かしたからであった。今日の東京の繁栄は何より前島密のおかげであり、東京都は前島の顕彰にもっと積極的であって良い。

ともあれ一八六八（慶応四・明治元）年五月に江戸を掌握した新政府は、直後に行政体の「江戸府」、軍事組織の「江戸鎮台府」、南北町奉行所の市政を引き継ぐ「市政裁判所」を置いた。後に東京府制が敷かれ、それらの各組織は東京府に吸収され、幸橋門内の旧大和郡山藩柳沢家上屋敷を改修して、そこを庁舎とした。このミュージアムには町奉行所の引き渡しを表す古文書が展示されているが、往時を偲ばせる珍しいものであろう。「引き渡しにあたってはきれいに整理整頓・掃除がなされ」と絶賛されるほどの「完璧な内容であった」という。後々まで旧与力・同心の間で美談として語り継がれたことを図録『文化都市千代田—江戸の中心から東京の中心へ—』が紹介している。なおこの図録は、江戸期から明治期への転換の中で、様々なヒト・コト・モノの変容を描いている点で、極めて興味深い図録である。

江戸から明治にかけての千代田区の各町々の変化の特徴を、このミュージアムは四つに分類してパネルで展示している。①「大名屋敷から官庁街へ——日比谷・霞ヶ関・丸の内界隈」、②「商人・職人のまち——内神田・外神田界隈」、③「にぎわいのまち——駿河台・神保町・三崎町界隈」、④「文化人のまち——番町・麹町界隈」である。

①江戸期には大名屋敷が集積した日比谷・霞ヶ関・丸の内は、維新後、政府や軍の諸機関が集中的に設置された。またその後、軍用地跡を三菱が購入し、「一丁倫敦《いっちょうろんどん》」と呼ばれる赤レンガ街が立ち並び、日本を代表するビジネス街である丸の内オフィス街の原型ができ上がっていく。

②江戸期の神田は、町人地が密集し、「紺屋町」「鍛冶町」「乗物町」「大工町」「鍋町」「蝋燭町」などで知られる「職人の町」であり、また柳原土手の古着や古道具のみならず、神田川を中心とした水運による様々な商品流通の拠点である「商人の町」であった。そうした神田は近代以降、ますます商業地としての性格を強めていった。ただ商品の流れが舟運から陸運に変わると、万世橋・秋葉原地域が中核になっていき、今日の秋葉原電気街の繁栄にも続いていく。

③旗本や有力譜代大名の居住地であった駿河台は、維新後、学校や病院、書店などが進出し、また幕府講武所があった三崎町には、講武所跡地に三崎三座（三崎座・川上座・東京座）などの劇場や、多数の映画館、勧工場（デパートの先駆け）が建てられ、賑わいのある街となった。

④江戸期には、番町は将軍直属の番方（武官）である旗本の居住地であり、麹町は江戸城西側の最も古い町人地であった。麹町は維新後、商店街として近代化した。番長の屋敷地は、一時桑畑となったが、明治政府の政治家、官僚、華族などの屋敷街となっていった。またもともとこの地は、本業や副業とし

て書、画、儒学、国学、和歌、武術などの技術や知識をもとに生計を立てる文化人が多かったが、近代になっても岡本綺堂、泉鏡花、有島武郎、菊池寛、直木三十五をはじめ多く作家や芸術家などの文化人も暮らした。

「空虚な自治体」千代田区

このミュージアムの展示の中心は、江戸城（現皇居）とそれを取り巻く中央権力の変遷であろう。区の固有なものというより、国政や江戸東京全体に係わるものが多い。千代田区の個性とは、江戸期においては総城下町の中心、明治以後は首都の中心という中央の政治行政の中心所在地にあるのであり、そうした展示は当然であろう。そうであるが故に千代田区内に生きた人々に関する展示は少ない。本来なら駿河台や番町に広がる武家社会の有り様、「江戸っ子」の代表とも言える神田の商人や職人の信仰や生活、区内の文人や近代文化人の様々な活動などがもっと展示されてよいだろう。

現在、千代田区とは基礎自治体である。人口は東京二三区のなかでは一桁違うほど極端に少ない約五万三〇〇〇人。千代田区で連想するのは国政の活動であり、千代田区の自治体としての存在感は極めて薄いと言えよう。冒頭で紹介したロラン・バルトの言葉を借りれば、現代の千代田区の個性とはまさに「空虚な自治体」と言えそうである。いっそのこと中央区と合併すれば、国とは異なるもっと自立的で創造的な自治体活動が展開されるであろうが、そもそも人口五万人の自治体では、肝心な所を国や県にやってもらう日本の片田舎の自治体と何の変わりもなく、自立的な自治体ではありえない。

2 中央区立郷土天文館（タイムドーム明石）

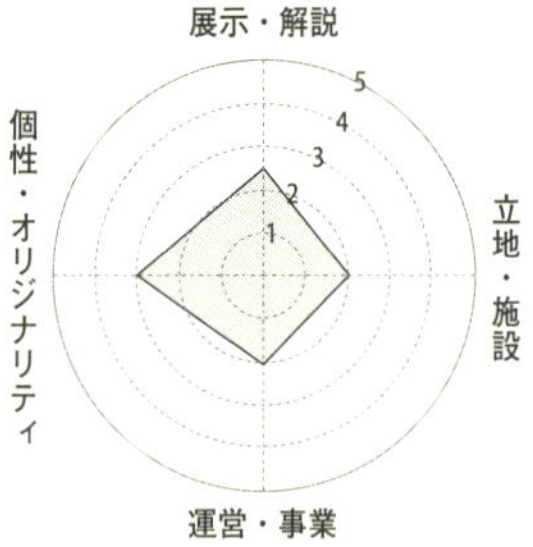

総合　★★

〒104-0044 中央区明石町 12-1
中央区保健所等複合施設 6 階

03-3546-5537

［開館時間］
火曜日から金曜日／10：00 ～ 19：00（最終入館時間 18：30）
土曜日・日曜日、祝休日／10：00 ～ 17：00（最終入館時間 16：30）
［休館日］
毎週月曜日（祝日の場合は開館し、翌日休館）、年末年始（12 月 29 日～ 1 月 4 日）

常設展入場料：100 円（映像コーナー観覧料込み）
プラネタリウム観覧料：300 円
未就学児、区内の小・中学生は無料

常設展示図録なし

　江戸時代は、二六〇年余りにも及んだ。この間、日本は内外ともに大規模な戦争が一度もなかったという世界史上例を見ない平和の時代（「パックス・トクガワーナ」）であった。この平和をもたらしたのは、徳川幕藩体制（連邦政府たる幕府と三〇〇近い諸藩とからなる連邦国家体制）であり、その体制を支えたのは、主に参勤交代制度と鎖国制度、そして幕府官僚制であったろう。

　鎖国というのは、東アジア地域でしばしば採用された「海禁」政策であり、「鎖国」という言葉が誤解を生みやすい。というのは、鎖国はむやみに国を閉ざし、ヒト・モノ・情報の交流がなく、そのために世界の情勢から取り残されてしまったととられがちだからである。しかし必ずしもそうではない。市村佑一・大石慎三郎『鎖国　ゆるやかな情報革命』によれば、鎖国とは、日本が情報の「発信」を停止した時代ではあったが、海外からの情報を丹念に「受信」した時代であった。そのルートは四つあった。メインルートは①「和蘭（オランダ）風説書」などによるオランダ商館ルート（ヨーロッパ情報）、②長崎入港の中国船の「唐船風説書」などによる清国ルート（中国・アジア情報）であり、サブルートは③朝鮮通信使などの対馬藩ルート、④琉球使節などの薩摩藩ルートであった。

鎖国とは中央政府＝幕府による「対外関係の独占と編成」を目指すものであり、「幕府は居ながらにして海外情報が収拾できる『受信システム』を構築した」のである。これによって、例えば英国の名誉革命の経緯なども報告されていたように、幕府は諸国の実情や活動、多くの文物をかなり詳細に把握できていた。幕府という中央のみが、集中的かつ組織的に海外情報を収集できる「受信専用」システムであり、そこに「鎖国という日本独自のシステムの特徴があった」のである。それはまた外からの情報を独占的に取得した中央が、その情報を幕府→藩→領民（上から下へ）に流していく円錐形の「垂直的」情報回路でもあった。

もっともそうしたシステムは、古代以来の日本の「中央」のあり方でもあり、江戸期の鎖国とはその最も純粋なシステムであったといえよう。

中央区、七つの歴史的個性

日本の「中央」についてそんなことを考えながら、「中央」区立郷土天文館（タイムドーム明石）に向かう。それは地下鉄日比谷線築地駅より一〇分弱のところにある六階建ての複合施設の六階部分にあって、他の階には福祉センターと教育センターとが入っている。福祉や教育とミュージアムの連携は重要であるが、この館では特別な連携がなされていない。郷土天文館にはその名にあるように、郷土資料の常設展示室や特別展示室の他に、プラネタリウムが併設され、また区民ギャラリーや映像コーナーも置かれている。「『学ぶ』『見る』『発表する』とあらゆる目的が複合した、都内でも画期的な区民文化施設」（『中央区歴史・観光まち歩きガイドブック』）と標榜しているが、それに値するミュージアムであろうか。

中央区はその名の通り、江戸の経済・文化の中心であり、さらには日本の中心であったといってもいいだろう。それゆえに中央区の歴史的個性は数多くかつ多様である。この郷土天文館は、歴史的な流れを展示するというよりは、中央区の歴史的個性を七つのテーマにわけて展示してある。

第一のテーマの「江戸城下の成り立ち」で目につくのは、展示室入り口に置かれた水道の大きな「埋桝《うめます》と木樋《もくひ》」である。徳川家康が江戸に入府した頃、城の真ん前まで日比谷入江の海が深く入り込んでいた。現在の神田、日本橋、新橋、田町あたりは入江の海であり、そこを埋め立てて城下のまちづくりが行われたが、飲料水や生活用水確保のための水道整備が不可欠だった。当時の水道とは「日本における最も先進的な都市施設」の一つであったが、木製水道管（木樋）は他のいくつかの区のミュージアムでも展示されている。なお「埋桝」とは水道管を分ける位置に配置した分岐継ぎ手である。

第二のテーマの「日本橋と魚河岸」以降が現中央区の個性をよく表している。日本橋は言うまでもなく全国に向かう五街道の起点であり、日本の空間的中心であり、まさに江戸という巨大都市の最大のシンボルでもあった。日本橋という名の起源は諸説あるが、「日本の中心としての橋」という意味を含んでいるといえよう。富士山と江戸城を背景に日本橋を描いた三点セット（山・城・橋）が江戸そのものを表現する定番であり、そうした浮世絵も多い。

その日本橋から川沿いに続く魚河岸は、芝居町（歌舞伎）、吉原（遊里）と共に、「一日千両」と言われた大量の金銭が消費される三つの地域の一つであった。他の二つは非日常的世界であるのに対し、魚河岸は日常的世界である。今日とは比較にならないほどの、江戸（あるいは日本）の食文化における魚介類のウエイトの高さを物語っている。特に江戸前の海は魚介類が極めて豊富であった。豊富であるがゆえに美味いものも多く、漁場が目の前であるがゆえに安かった。安くて美味いという「江戸前」に対して、高くてまずい魚は「場違い」と呼ばれた。

江戸の三大食文化であるすし、天ぷら、鰻は、すべて魚介である（江戸期では「天ぷら」といえば魚介であり、野菜揚げは「あげもの」「胡麻あげ」といった）。なお江戸の食の四天王といえば、それに蕎麦が加わる。初鰹に対する江戸の人々のこだわりは今や周知のことであり、高級料理屋などは一尾二両～三両で購入したという。当時は鰹を刺身にして辛子味噌で食べたが、

「そこが江戸　小判を辛子味噌で喰い」の川柳が伝わる。

今日、マグロがあたかも日本の食文化の代表であるかのように言われるが、江戸時代まではそれほど食べられたとは言い難い。よく食べられるようになったのは、江戸では江戸時代後期からであり、全国的にはおそらくつい近年であろう。ちなみに鬼頭宏『文明としての江戸システム』によれば、明治七年の統計で漁獲高（金銭）が最も多いのはニシンであり、次いでイワシ（もちろんどちらも食用だけでなく油や肥料としても使用された）、多少の差があって三位にサケであった。江戸なかば以降、最も重要

な水産物はイワシとニシンであった。

展示に魚河岸復元模型がある。船や桟橋、納屋や仲見世が精巧に作られ、細かく見ると興味深い。歴史書や歴史小説にはよく魚河岸が登場するが、この模型を見て認識がよりリアルになるのがいい。なお江戸には四つの魚市場が存在した。この日本橋魚市場に加え、新肴場《しんさかなば》、四日市（ともに現中央区）、芝雑魚場《しばざこば》（現港区）である（吉田伸之『成熟する江戸』）。

日本橋を中心とする通りは、第三のテーマ「商家と職人たち」でもある。この地域は越後屋や白木屋、高島屋など数々の豪商達が軒を連ねた商業の最大の中心であった。解説員ボランティアによれば、日本橋の北側は伊勢出身の商人、南側は近江出身の商人が多かったという。今日の三井グループまで続く三井越後屋の複製看板が展示してある。

展示といえばベルリン東洋博物館所蔵の「熈代勝覧《きだいしょうらん》」（複製）がいい。三井越後屋を中心とする日本橋の通りの数々の商家、路上の多種多様な床店や振売り、易者、座頭、願人坊主など行きかう数多くの人々、さらには犬、馬、牛、猿、鷹といった動物まで事細かく描き、その繁栄を今に伝える見事な絵巻物である。まさに成熟した江戸のリアルなイメージを伝えてくれる。ボランティア解説員によればその作者は、一説に、当時の江戸人に絶大な人気を博した戯作者・山東京伝であるという。確かに京伝は戯作者になる前には浮世絵師であったが、その根拠はあるのかという私の問いに、解説員は答えてくれなかった。作者はともあれ一見に値しよう。

第四のテーマは「蘭学の隆盛と築地居留地」である。現中央区は江戸期の蘭学の中心地であった。長崎出島のオランダ商館長が江戸参府の折りに定宿とした長崎屋がこの地にあり、蘭学を学ぶ多くの人が訪問した。長崎屋は日本蘭学の濫觴《らんしょう》地であった。江戸時代の優れた蘭学者のほとんどすべてが、この日本橋を中心とした周辺に住んだのである。『解体新書』翻訳の中心人物・前野良沢は豊前国（大分県）中津藩医であり、中津藩の中屋敷がこの地にあった。翻訳はこの地で行われたとされる。約八〇年の後、同じく中津藩士の福沢諭吉がこの地で蘭学塾を開設する。今日の慶應義塾大学の前身である。

興味深いのは東京の外国人居留地の存在である。居留地といえば、横浜や神戸を想起するのが常であるが、東京にも明治元年に築地居留地が設置されたのである。一八六八（慶応四）年に日本初のホテルである「築地ホテル館」が建てられたが、その模型が展示されている。このホテルは和洋折衷の建築様式であり、錦絵にも描かれ東京の名物となったが、三年半の営業だけで火事で焼失してしまう。ボランティア解説員が誇らしげに語るのは、横浜や神戸が経済的機能中心の居留地であったのに対して、ここの居留地は学術文化をも併せ持っていたのだと。実際、この居留地を発祥とする学校は数多い。立教、女子学院、明治学院、双葉学園、青山学院などはこの地で設立された。

第五のテーマは「銀座の繁栄」である。江戸期の銀座は、日本橋などから見れば江戸の場末であった。明治に入って、ミニ・ロンドンのような煉瓦街が作られ、文明開化東京のシンボルとして新聞や錦絵等で喧伝された。銀座はにわかに東京の盛り場となったのである。今日にいたるまで銀座は、その地価が日本一高いことでも伺えるように、日本で最もブランド力をもつ地域である。そのわりに展示物は少なく、商店の看板、出版物の広告、出土したレンガなどでは、「銀座の繁栄」をそれほど表現しているわけではない。

第六のテーマは「中央区の文学」である。他区にくらべそれほど多いわけではないが、芥川龍之介

（生後まもなく本所に移ったが）や谷崎潤一郎、立原道造などの日本の近代作家たちがこの地で生まれ、あるいは活動した。そんな中、この展示の特徴は長谷川時雨《しぐれ》という今ではほとんど無名の女性作家をクローズアップして取り上げていることである。時雨は女性初の歌舞伎脚本家で、小説、評伝、随筆を著すかたわら、雑誌『女人芸術』を発行するなど多彩な活動を行った。この雑誌からは、林芙美子、円地文子、佐多稲子など多くの女性作家が育ち、またそうした女性作家たちの集う場が「時雨サロン」でもあり、時雨は女性作家のプロデューサーでもあった。吉川英治をして言わしめたのは、「明治に一葉あり昭和に時雨あり」である。時雨の書いた評伝に『日本美人伝』があるが、自らも「美貌」と「粋」と「江戸っ子気風《きっぷ》」を兼ね備えていたといわれる。多くの関係資料が展示されているが、時雨の写真も多い。なるほど時雨は楚々とした美人である。この郷土天文館には図録『長谷川時雨　その生涯と業績』が三〇〇〇円で売られている。

第七のテーマは「月島と水辺の文化」である。現在の月島は広範囲に埋め立てられてできた島である。江戸期にはその一角が佃島としてあったにすぎない。徳川家康に伴われて摂津国（大阪府）佃村から、先進地の漁法をもった漁師たちが、住吉神社とともにやってきて住み着いたところであり、家康に

図録『長谷川時雨　その生涯と業績』

より特権的な漁業権を与えられた。その名の通り雑魚《ざこ》を捨てることなく保存食とした佃煮の発祥地である。ついでながら月島で後に作られることになるもんじゃ焼きも、対岸の築地市場の余り物を利用して考案されたと言われる。芥川賞作家・楊逸は「最も訳のわからない日本料理」と称したが、なるほどと思わせる。もんじゃ焼きは佃煮と同様、廃物をうまく利用したエコフードといえよう。

展示品の中に、佃島漁師の白魚漁の漁船模型と道具類、および白魚を将軍家に献上する際に用いられた献上箱がある。白魚漁は、毎年一一月から三月にかけて、夜のかがり火のなかで行われた江戸の風物詩である。白魚は味はともあれ、見た目の清々しさと季節感を漂わせる魚であったのだろう。浅草海苔と並んで、白魚は「江戸名物の両関」と讃えられたという。ボランティア解説員によれば、残念ながら白魚漁は今は行われていないという。

白魚献上箱

日本における「中央」とは

展示は以上であるが、その他にも中央区の歴史的個性を表すものは数多い。中央区とりわけ日本における様々なモノやコトの発祥の地が中央区には多く、中央区が発行した前記の『中央区歴史・観光まち歩きガイドブック』に「中央区はじめて物語」として紹介されている。日本のオリジナルな文化の発祥というよりも、幕末から明治にかけて、西洋文明がこの地を経由して日本に入ったことによる。

既に居留地における大学の発祥については述べたが、他にも銀座に専修大学、東京慈恵医科大学、一橋大学、築地には工学院大学、日本橋には順天堂大学が発祥した。また日本語活字、指紋研究、海軍、船員教育、電信、郵便、サッカー、運動会、電気灯柱、公衆電話ボックス、ワイシャツ店、練り歯磨きの発売、靴製造、デパート、エスカレーター、商品券、眼鏡専門店、人力車、株式会社組織など多くのものがこの中央区を舞台として発祥した。食文化を見ればなおその種類は多い。ポークカツレツ、エビフライ、オムライス、カツカレー、あんぱん、あんみつ、ソーダ水、お子様ランチ、味付海苔、親子丼、甘納豆、ハヤシライスなども中央区で発祥した。それらのほとんどは、外国からこの中央区に入ってきて、中央区で受容、変型、洗練され、中央区から日本全国に広がっていったものである。

日本は古代以来、ほとんどすべてのモノやコトを外の世界から受け入れてきた。今日、日本のオリジナルと思われるものも、その源流をたどれば、そのほとんどが外来である。近代にいたるまでは主として中国・朝鮮から、近代にはヨーロッパから、戦後はアメリカから、当時におけるそれまでの日本の伝統を破壊する勢いで多くの文物を受け入れた。日本の良さといえば、受け入れるためによく学び、受け入れたものをよく洗練するという点に求められるであろう。「中央」とは国内的な中心ということにプラスして、外の世界からの文物の入り口であり、その入り口を通して外の文物が内なる地方に広がっていく出口でもあった。それこそが中央区の個性といってもよいだろう。中央区はこれからもそうした中央であり続けることこそ本来のあり方であろう。日本が諸外国から学ぶべきは、多くの分野で実はまだまだ多い。学ぶべきものはもはやない、というのは「夜郎自大」以外の何ものでもない。中央区のこれからのまちづくりは、そのことを生かしていくべきであろう。

他にも中央区には興味深い歴史的個性が数多い。中央区にある両国橋西詰の広小路は江戸随一の盛り場であった。都市の都市たる所以の一つは盛り場にある。江戸という日本最大の都市は最大の盛り場を持つのであり、それが両国の広小路であった。しかもその近くの大川で夏の納涼期に行われる花火は、江戸文化を象徴する年中行事でもあった。瞬間の美に千金を使うような大きな打ち上げ花火は上方では発達しなかったのである（西山松之助『江戸文化誌』）。同じく都市の特性であり、江戸文化の発信源であった吉原遊里と江戸歌舞伎も、この中央区内に発祥した（ともに後に遠方に移転したが）。また忠臣蔵は今にいたるまで日本人の好む物語であり、赤穂義士たちが討ち入った吉良邸が墨田区本所にあることは知られているが、赤穂藩浅野家の上屋敷が現中央区の明石町にあったことはあまり知られていない。

こうした中央区にあるべき博物館として、中央区立郷土天文館（タイムドーム明石）はあまりにも見劣りがする。何よりもこの博物館には『常設展示図録』そのものがない。図録をつくるほどの展示がないのもその原因であろう。もちろんレストランやミュージアムショップもない。地域に関する文献資料を集めた図書室もない。日本の「中央」にある地域の博物館としては、「『学ぶ』『見る』『発表する』とあらゆる目的が複合した、都内でも画期的な区民文化施設」と標榜するほどのものではない。その展示物は地方の郷土資料館とあまり変わらないものであろう。

その点では、日本の基礎自治体のお粗末な博物館を象徴的に表現しているのが、この中央区の博物館であるといえよう。その点でもまさに日本の「中央」が日本全体を代表しているのである。

なお、二〇一六年度には、区立図書館なども入る複合施設として、当館は移転新築される予定であり、格段の充実を期待したい。

3 港区立港郷土資料館

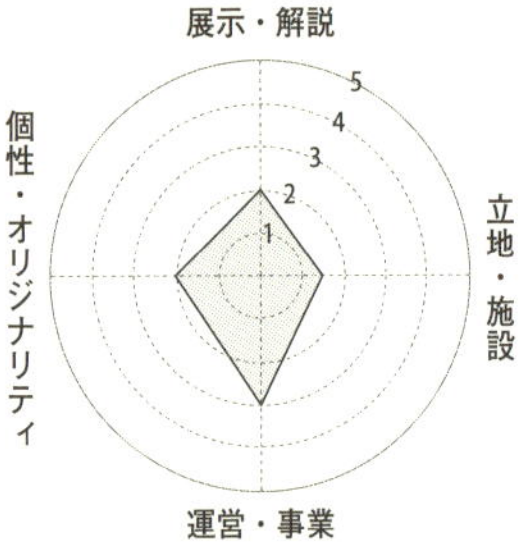

総合　★★

〒108-0014 港区芝 5-28-4

03-3452-4966

［開館時間］
9：00 ～ 17：00
［休館日］
日曜日、祝日、毎月第 3 木曜日（休日の場合は前日）、年末年始（12 月 28 日から 1 月 4 日）、特別整理期間（6 月中旬から下旬 2 週間程度）、臨時休館（特別展前後 2 週間程度と施設整備の場合）

無料

常設展示図録なし

江戸幕府は、一八五四（安政元）年、日米和親条約を締結し、鎖国から開国に踏み出した。さらに一八五八（安政五）年のアメリカと結んだ日米修好通商条約を皮切りに、オランダ、ロシア、イギリス、フランスと次々に修好条約を結び、自由貿易を認めるとともに、江戸に各国の公使館ないし公館が置かれることになる。当時、公使館に充てられたのは寺院であり、善福寺（アメリカ）、東禅寺（イギリス）、済海寺（フランス）、長応寺（オランダ）というようにそれらはすべて現在の港区にあった。今日でもなお港区に多数の外国大使館が置かれているのは、そうした歴史的背景があったからであろう。港区はその名の通り、外交上の港でもあった。港区立港郷土資料館には、『江戸の外国公使館』という興味深

い図録があり、このテーマに関する様々な情報を提供してくれる。二三区のミュージアムのなかでも最も優れた図録の一つで、一五〇〇円と高価であるが一見に値しよう。

図録には当時、現港区の寺院に公使館が置かれた理由を次のように記してある。①江戸の南端に位置し海に面して外国人の上陸地点に近いこと、②由緒ある大寺院が多く公的な施設として多人数のために必要な設備を整えやすかったこと、③正式な外交使節を接遇するに相応しい「格式」が必要であったこと（出島のオランダ商館長が江戸で定宿としたのは「市中旅館」の長崎屋であったが、商館長は政府の正式な使節ではなかった）、④境内に空き地があり警備の人数を置くことができること──である。他方、当時の激しい攘夷運動により、外国公使館や外国人に対する襲撃事件が相次いだ。アメリカ公使館通訳ヘンリー・ヒュースケン暗殺事件や、水戸浪士によるイギリス公使館襲撃（東禅寺事件）などが有名である。図録にはヒュースケンの日本人妻の鮮明な写真も載せられている。幕府は旗本・御家人の中から外交官個人を護衛する「別手組」をつくり、他方、各大名には外国公使館全体の警備を担当させた。後にこの最初の各国公使館跡は東京都史跡に指定されたが、関東大震災や東京大空襲などにより、ほとんど姿を消してしまう。今日わずかに東禅寺の大玄関と奥書院、庭園のみがイギリス公使館時代の姿を伝える遺構となっていて、国史跡に指定されることになった。

さてその港区の港郷土資料館に行ってみよう。ＪＲ田町駅から徒歩五分と近く、目立たないところにあるが、立地条件はそれほど悪くはない。しかも図書館との併設であり、一・二階が図書室、三階が読書室・集会室、地階がホール・食堂で、四階が郷土資料館である。エレベーターを四階で降りると目の前に常設展示室がある。決して広くはない。東京二三区の博物館のなかでは最も狭い部類だろう。ま

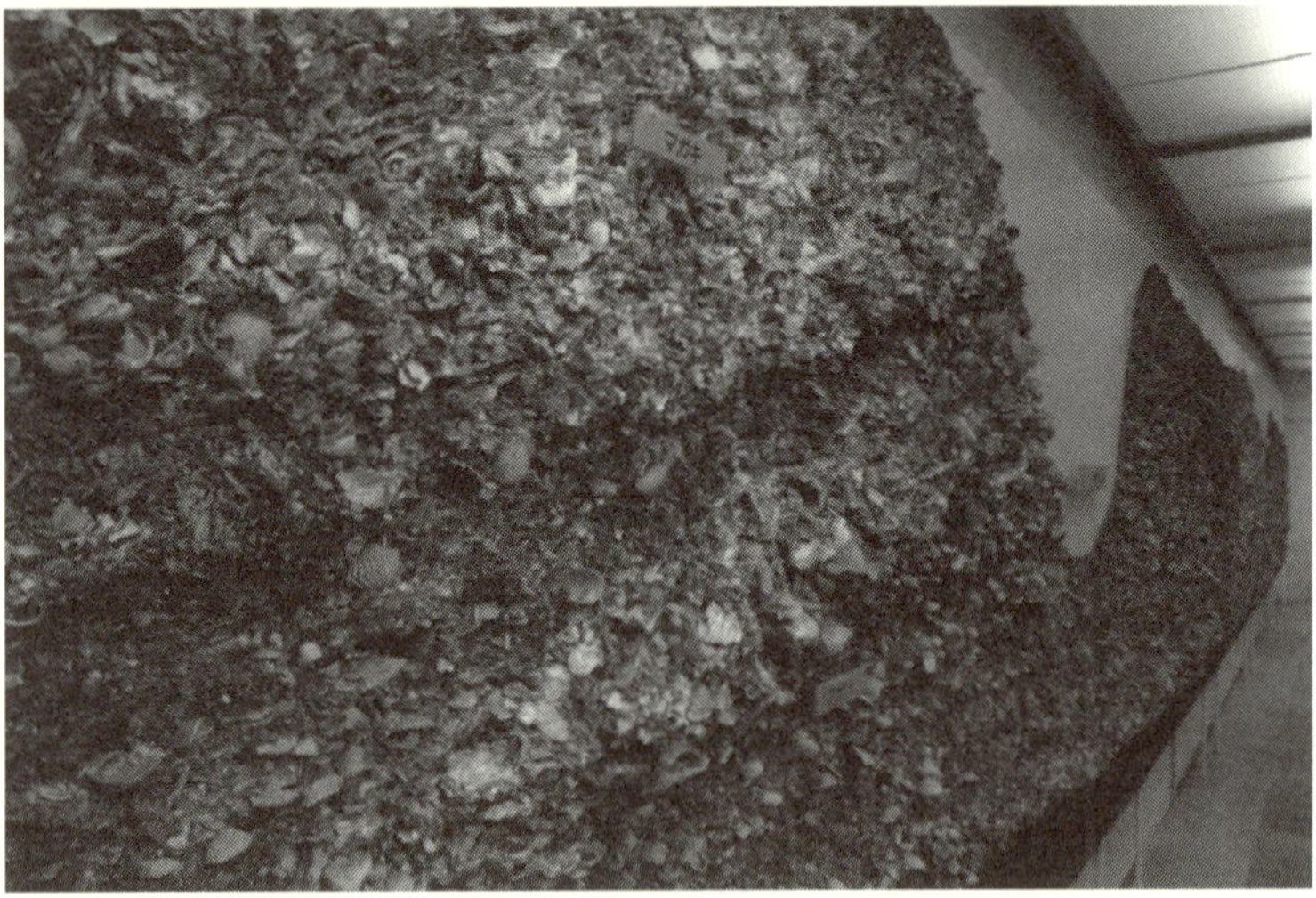

伊皿子貝塚貝層断面

た、展示の質や量は、これで人が来るのかと心配するほどだ。『常設展示図録』もなければ「解説シート」さえない。もちろんミュージアムショップやミュージアムレストランなど望むべくもない。レファレンスコーナーもビデオコーナーもパソコン等の情報機器コーナーもない。多少立派な「物置」という印象が強い。

なお、常設展示室のとなりに、「さわれる展示室」が設置され、ミンククジラの全身骨格や縄文土器、弥生土器、昭和の生活用具などのいわゆる体験型の展示がなされている。本資料館の特徴を出そうとした試みの一つであろう。ただそこは、火・金・土曜日の限定である。基本的には児童・生徒の学校教育用の施設という印象だ。

港区の個性を表す展示

常設展示の中で最も目立つのが、後方の壁一面に展示されてある伊皿子《いさらご》貝塚の貝層断面である。約四〇〇〇年前の縄文時代後期の貝塚であり、「単なるゴミ捨て場ではなく、主に貝の加工処理を行う場」と考えられるという。これほど巨大な貝層断面の展示は、おそらく他の博物館の展示には見られないものであろう。しかし貝塚は都内いたる所にあり、メイン展示にされるほどに港区を特徴づける資料なのかはいささか疑問を感じざるを得ない。もっとも港郷土資料館自体は、そもそも、この伊皿子貝塚遺跡から出土した資料の展示を主な目的として設立されたものだという。

次に目立つ展示として、巨大な「江戸図屏風」がある。実物は国立歴史民俗博物館にあり、ここにあるのも複製ではあるが、なかなかに立派なものであり一見に値しよう。千代田区のミュージアムでは左隻のみであったが、ここでは左右が揃っている。江戸城を中心に、江戸の街並みと郊外の様子が描かれている。先に解説シートはないと書いたが、実はこの屏風についてのみ一枚の解説シートらしきものがある。それによると「この屏風は、第三代将軍徳川家光が寛永元年（一六二四）から寛永一一年までに行った様々なことがらを描いたものといわれ」、明暦の大火（一六五七年）で消失し、その後再建されなかった江戸城天守閣も描かれている。港区の部分に関しては「増上寺」「愛宕山」「新橋」「溜池」が描かれており、それらを「探してみましょう」とシートには記してある。さらにこの屏風には将軍家光も描かれているという。「この時代には、将軍の姿をそのまま描くことは失礼にあたり、全身（特に顔）が描かれることはありませんが、この時代の人が一目見て将軍とわかるように描かれて」いるという。はっきりと家光であることがわかるのは四か所あるが、「探してみましょう」と記してある。こうした解説シートがあれば、来館者は漫然と見ることなく、眼を皿のようにして見るだろう。本資料館の唯一といっていい、よくできた試みである。

他は簡略な展示しかないが、港区の個性を表していると思われるものとして、まず「丸山古墳と丸山古墳群」という展示がある。芝公園にある丸山古墳は、五世紀初めの築造と考えられ、長さ一一二メートルの都内最大の前方後円墳である。古墳時代の前期において、南武蔵全域を統括する大首長の墓であった可能性が高いと言われるが、それ以上の具体的な歴史的状況は分からない。しかし「都内最大の前方後円墳」がこの港区内にあることがポイントであり、小さなウインドウに出土物と解説文を陳列するよりも、港区民に古代への想像をかきたてる、面白みのある展示を工夫したいものである。

「徳川家康の江戸入府と増上寺」という展示がある。家康の江戸入府当時、現在の紀尾井町付近にあった増上寺は既に江戸における念仏布教の中心寺院であったが、入府後、同じ浄土宗である徳川家の菩提寺となって現在地に移り大寺院に発展した。家康署判（サイン）の「浄土宗法度」（複製）が展示してある。縮小されたとはいえ、増上寺は現在でも港区のシンボルの一つであろう。徳川家にとっては上野の寛永寺とならんで、最重要な寺（江戸の二大伽藍）であり、かつてこの地に広大な敷地が与えられた。第二、六、七、九、一二、一四代の将軍がここに葬られている。

次に「元禄赤穂事件」という展示がある。日本人に馴染みの深い元禄赤穂事件（忠臣蔵）のそれぞれの終結の地が、この港区内である。浅野内匠頭《たくみのかみ》は江戸城内松の廊下の刃傷の後、その日のうちに、新橋にあった田村右京太夫（奥州一関藩）の上屋敷で切腹している。赤穂浪士四七士が吉良家に討ち入り本懐を遂げた後、大石良雄以下一六名は、高輪の細川越中守（肥後熊本藩）の下屋敷で切腹した。息子の大石主税以下一〇名は、現在イタリア大使館となっている三田の松平壱岐守（伊予松山藩）の中屋敷で切腹した。内匠頭を含め、彼らは浅野家の菩提寺である高輪の泉岳寺に葬られたのである。さらには討ち入り直前の大石良雄と浅野内匠頭夫人との「雪の別れ」の南部坂も現港区内である。この国民的物語の最終章の舞台がすべて今の港区内であった。

明治に入り、「江戸から東京へ」という展示がある。一八七二（明治五）年の鉄道開通（新橋—横浜間）直前の新橋停車場の写真が展示してある。港区は鉄道発祥の地でもある。品川にも駅ができた。品川駅は、間違いやすいが品川区ではなく港区内にある。新橋駅横の汐留地区は、一九九一（平成三）年から埋蔵文化財の発掘調査が続けられ、鉄道開業当時の駅舎跡やプラットフォームなどの新橋停車場関連の遺構が次々に発見されている。ここでも写真だけの展示ではあまりに物足りないといえよう。

「港」のもつ中央の補完性

展示にはないが、港区の個性を表しているモノやコトはまだまだ多い。無数にあるといってよいだろう。例えば東京タワーである。一九五八（昭和三三）年に完成した東京タワーは、当時から首都東京のシンボルであり、とりわけ地方に住む人々にとって東京といえば東京タワーを想起するものであったろう。余談ながら、この東京タワーの立つ地は、かつて「黒衣の宰相」と称された金地院崇伝が開山した江戸金地院の境内だった所である。家康の政治顧問として、南光坊天海とともに徳川幕藩体制の基礎を作った金地院崇伝も、港区の個性を表す人物であったといえよう。東京タワー以前においても、この港区の地にタワーがあった。「愛宕塔」という名のタワーである。本資料館が発行する『資料館だより』（第67号）によれば、一八八九（明治二二）年に愛宕山の山頂に約三〇メートルのタワーが建てられたという。「高塔登覧」が目的とされ、螺旋階段を昇ったところからは遠く房総半島まで望めたという。残念ながら関東大震災で倒壊し、三四年間で姿を消している。

愛宕館と愛宕塔

しかし実は、そうしたタワーがなくとも、江戸期の愛宕山は山頂からの江戸市街の見事な眺望を持つ、まさに江戸の景勝地であった。江戸幕府は、江戸を京の都になぞらえて京にあるものと同様なものを次々に造営した。比叡山延暦寺を模して上野に東叡山寛永寺をつくり、鞍馬寺の毘沙門天をまねて谷中に天王寺毘沙門天を祀り、京の愛宕山に芝の愛宕山をなぞらえ、京都から愛宕権現を勧請して火伏せ（防火）信仰の場とした。愛宕山「男坂」の急な石段は「出世の石段」と呼ばれ、讃岐丸亀藩家臣の曲垣平九郎《まがきへいくろう》が馬で石段を駆け上がった有名な逸話が残り、また井伊大老襲撃（桜田門外の変）前に、水戸浪士達もここに集結し、成功を祈願したことでも知られる。先に述べた「江戸図屏風」にも描かれ、また浮世絵にも多く描かれたた愛宕山は、江戸の名所として、港区の個性の一つであるといえよう。

港区に関わりのある人物も数多い。先の金地院崇伝もそうだが、近代の作家たちも港区を活動の舞台とした。志賀直哉は六本木で青春時代を過ごし、島崎藤村は円熟期を麻布台で活動した。彼はここで主著の一つである『夜明け前』を完成させるとともに、白金台の明治学院の校歌も作詞している。歌人の斎藤茂吉は脳病院の院長として南青山に住んだ。今でも熱烈なファンを持つ永井荷風が独居自適な生活を送った偏奇館は、今の六本木一丁目にあった。偏奇館というのはペンキ塗りの洋館で、「偏奇《へんき》」というのは「ペンキ」をもじったもので荷風らしい。岡本太郎も青山で育ち、青山でアトリエを構えて創作活動を行った。「―芝で生れて神田で育つ―というのが、江戸っ子の理想だ」（『江戸アルキ帳』）と書いた漫画家・杉浦日向子は、老舗の呉服屋の娘として愛宕下に生まれた。他にも記すべき作家はまだまだ多い。

こうした豊富な歴史の中にあって、港区資料館は発掘、調査、研究など極めて精力的に学芸活動を行っているように思える。多くの企画展の試みや充実した『資料館だより』などの刊行物にそのことが伺える。しかしせっかくのそうした活動が展示に、少なくとも常設展示には生かされていない。この資料館の展示面積の狭さが決定的で、二三区でも最も財政力豊かな港区の文化政策上の意欲のなさの表れであったろう。そうしたことの反省でもあろうか、幸いなことに現在新しい資料館の設立に向けた計画が進んでいる。二〇〇五（平成一七）年に「港区新郷土資料館第二次基本計画報告書」がつくられている。なお数年かかるとはいえ、期待したい。

港区は、戦前からの赤坂区、麻布区、芝区の三つの区が、戦後の一九四七（昭和二二）年に統合して誕生したものである。この地域は、江戸期において、中心と周辺ということであれば、周辺であったろう。ただ四宿（品川、千住、板橋、新宿）のような境界の地域に比べれば、中心に近い。中心と周辺の二つの要素を含む中間的な地域であったといえよう。しかも歴史の経過とともに中心に近づいていく。現代の東京では港区を中心地域であると感じる人びとも多いだろう。しかし千代田区や中央区に比べれば、港区は中心ではない。あえていえば港区は「中心の補完」といえよう。

現代でも政治の中心は、国会や主要省庁がある千代田区である。他方、港区内の虎ノ門一帯は省庁を補助する多くの特殊法人の集積地帯でもある。官僚の天下り先でもあり、ムダの象徴として行政改革のターゲットとされる特殊法人ではあるが、省庁行政の下請けとして多くの調査研究などの仕事を行ってきた。まさに中央省庁を補完しているのである。江戸期においても同様である。江戸幕藩体制の中心は幕府であり、幕府および幕政の中心諸藩は現在の千代田区にあった。他方、幕藩体制の「幕」を補完する多くの「藩」の大名屋敷は現在の港区に集中していたのである。地域的には、麻布・六本木地区にもっとも多く、特に上屋敷が集中した新橋や虎ノ門地区がこれに次いでいる。

経済的にも、現代の主要な大手企業の本社は多く中央区にあるのに対して、それに準ずる多くの企業群の本社は港区にあるといえよう。江戸期においても同様であり、現在の中央区の日本橋界隈に大商人が集中するのに対して、現在の港区内にはそれに準ずる商人群が存在したであろう。

「中央の補完性」ということは、港区という言葉そのものにも表れている。既に中央区の項で述べたように、日本における中央とは、その地の中心であるよりも外からの入り口であり、内への出口であった。根本からオリジナルなものはほとんどない日本は、古代以来、ほとんどすべてのモノやコトを外の世界から受け入れてきた。日本における中央とは、実は外の世界からの文物の入り口であり、外の文物が地方に広がっていく出口だったのである。

出る・入るの機能を果たす象徴的なモノこそ「港」である。「港」を通してモノやコトは中央に入り、「港」を通してモノやコトは出てゆく。「港」とはその意味でまさに「中央を補完」するものなのである。その名のとおり、港区の歴史的個性とは「中央の補完性」であると解釈できよう。

今後、港区が中央の補完性をますます強化していくのか、それとも補完性を脱してオンリーワンの個性的な港区をつくっていくのかは、港区民にかかっているといえよう。

4 文京ふるさと歴史館

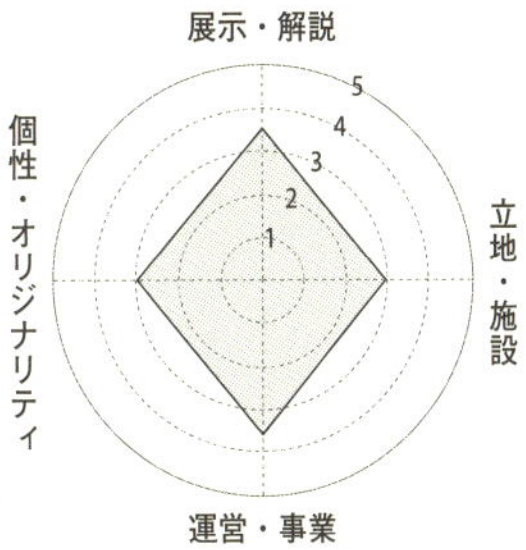

総合 ★★★

〒113-0033 文京区本郷 4-9-29

03-3818-7221

［開館時間］
10：00 ～ 17：00
［休館日］
毎週月曜日、第４火曜日（祝日にあたるときは開館し翌日休館）、定期燻蒸期間、年末年始

一般：100 円
幼児・小・中学生・65 歳以上、「身体障害者手帳」「愛の手帳」などをお持ちの方とその介添の方、「友の会」会員の方は無料
特別展開催中は別に定めあり

常設展示図録品切中

現在の文京区は千代田区と同様、江戸期、とりわけ武士が多く住み、武士中心の地域であった。武士といえば「武士道」を連想し、新渡戸稲造の著『武士道』が浮かぶ。生き方の定型が失われつつある現在、この著の評価はこれまで以上に高まっている。筆者もこの著の倫理思想の内容自体をいささかも軽んずるつもりは無い。しかし武士道好きな政治家や評論家はともあれ、まともに歴史を見るものにとって、新渡戸が語る武士道は、歴史上の武士の実態とは本質的にはあまり関係はない。菅野覚明もその著『武士道の逆襲』でまずそのことを指摘する。新渡戸の武士道は、明治国家体制を前提とする近代思想であり、「日本帝国臣民を近代文明の担い手たらしめるために作為された国民道徳思想」であると。

本来の武士道（武士の気性と行動を貫く中心思想）とは、なにより「戦闘者の思想」であり、妻子一族を守り、所領地を維持・拡大することを求め、そうであるが故に生命をかけて勝つための本当の実力（武力のみならず）を問い、また自分の実力のみに依拠するしかないが故に自己自身を客観的に問うことの中から生まれてきた。それは本質的に極めて「私的な思想」であり、明治期の新渡戸が説く「忠君愛国」といった「公的な思想」とはかけ離れた思想であった。したがって山本常朝の『葉隠』が説くような、主君に対する「忍ぶ恋」を究極とする主従関係においても、「この私とこの主君」という個別具体のまったく私的な契《ちぎ》りなのであった。

しかし江戸の泰平の世となって、こうした武士道は変質する。私的な関係ではなく、公的な社会関係が求められ、普遍的な人の道の実現者として武士を位置づけようとする思想が、山鹿素行などによって形成されてくる。その際に依拠し取り入れられたのは、普遍的体系をもつ儒教であった。これが「武士道」とは一応区別される「士道」である。ここにおいて武士は、具体的な家族や主君のために死をかけるというより、孝や忠、義（大義・正義）といった抽象的な理念のために死をかけることになる（この思想が後に新渡戸の著にも連なっていく）。この「士道」が江戸期の武士の思想の大勢を占めた。幕末の新撰組「局中法度」の冒頭に記されたのは、「一、士道に背きまじき事」である。ここにおいて武士は、普遍的な人の道、物ごとの道理を、儒学を中心とする学問によって学ばなければならなくなる。武士の有り様の中心は、「戦う人」から「学ぶ人」に変質したのである。文京区が武士の多い町であったとするならば、それは「学ぶ人」が多い町でもあったのだ。

そのようなことを考えながら、文京ふるさと歴史館に向かう。それは、地下鉄丸ノ内線本郷三丁目駅から徒歩数分、目立たない場所にあり、立地条件としてはそれほど良いものではない。斜め対面には真砂中央図書館がある。入館料は一〇〇円をとるが、東京二三区の区立ミュージアムの中では、多くの点でかなり充実している。随所に体験コーナーや区内の多様な文化財や地図、写真などの資料を検索できるコンピュータシステムもある。『文京の歴史風景』（一〇〇〇円）という常設展示図録もコンパクトながら内容豊富なものであり、とりわけ文京区内を網羅する江戸期の切絵図を図録の随所に配置している工夫が良い。しかし残念なことに現在は品切れ中で、早急な改版増刷が望まれる。レストランはないが、ショップコーナーには刊行物のみならず、樋口一葉の作品をモチーフにした江戸手拭いや一筆箋、扇、江戸切絵図のぽち袋などが売られている。

本郷弥生町出土壺型土器（複製展示）

一階は、歴史順の教科書的な展示であるが、二階はテーマ別の展示となっている。一階、受付に近い中央には、見慣れない「奇縁氷人石」の巨大な石柱が立つ。江戸期、人々は尋ね人がある時にこの石に名前などを書いた紙を貼り、知っている人の応えを待ったという。区内の湯島神社には今でもそれが残っている。

この文京区は日本考古学史上、最も記念すべき発見の一つを持っている。いうまでもなく弥生時代という時代区分名称の由来となった弥生土器の発見である。弥生土器は、一八八四（明治一七）年、文京区の弥生町から発見された。

発見した人々は坪井正五郎、白井光太郎、有坂鉊蔵《しょうぞう》という、後に東京帝大のそれぞれ人類学、植物学、考古学の教授となった人々であったが、発見当時はまだ学生であった。発見された土器の複製が展示されているが、品川区（大田区ではない）の大森貝塚と並んで、日本考古学の黎明期の象徴として興味深い。

「まちの風景」――商業と産業

展示としては一階より二階のテーマ別展示の方が面白い。大きく三つのテーマからなり、第一は「まちの風景」、第二は「暮らしの風景」、第三は「文化の風景」である。

テーマ1「まちの風景」は、この地域におけるかつての特徴的な商家や産業を紹介している。商家の一軒は「かねやす」である。現在でも本郷三丁目角に「かねやす」（現在は洋品店、当時は道を挟んだ反対側にあった）という商店がある。享保年間（一七一六～三六年）に口中医師（歯科医）の兼康祐悦《かねやすゆうえつ》が開いた店で、乳香散《にゅうこうさん》という歯みがき粉を売り出したところこれが当たり、いつも多くの客が集まったといわれる。この「かねやす」は、

本郷も　かねやすまでは　江戸の内

の川柳でも知られる。江戸市民にとって、「かねやす」のあるところまでは江戸の市街地と認識されていたのであろうか、それともこの川柳は「かねやす」商店のできの良いキャッチコピーなのであろうか。すぐその外にあったのが日本最大の大名である加賀藩の上屋敷（現東京大学）である。

商家のもう一軒は「高崎屋」という、これも当時有名な酒屋である。中山道（現本郷通り）をしばら

く行くと、中山道が日光御成道（岩槻街道）と分かれる「駒込追分」にいたる。「高崎屋」はこのあたりにあり、江戸期、「現金安売り」というやり方で大いに繁盛し、両替商も兼ねた。この展示資料で目を引くのは、『江戸名所図会』の画家・長谷川雪旦とその子・雪堤による「高崎屋絵図」である。やや誇張があるとはいえ、滝沢馬琴が「北斎を上回る」と言った雪旦である。複製とはいえ店先の賑わいや豪商の住居が見事に描かれている。

駒込土物店復元模型

　江戸期、この地で地場産業として栄えたのは、湯島の味噌・麹製造と音羽の紙漉きであった。文政（一八一八〜三〇年）の頃に湯島の糀屋《こうじや》は一一〇軒を超え、幕末にいたっても八一軒の味噌問屋があり、当時の江戸全体の味噌問屋が一三八軒であることから見て、約六割がこの地に集中していたという。また音羽の紙漉きは江戸中期より始まり、明治期には上質の和紙を生産することで知られたが、大正初期までで、現在は一軒の紙すき家も無くなっているという。

　このミュージアムで最も目を引くのは、精巧に作られた駒込の「やっちゃば」（青物市場）の大きなジオラマ模型である。青物問屋が建ち並んだ駒込の「やっちゃば」は、千住、神田と並ぶ江戸三大市場の一つにも数えられたが、とりわけこの市場は、大根、にんじん、ごぼう、いもなど土つきの野菜を多く扱ったため「駒込土物店《つちものだな》」と呼ばれるようになった。野菜はもちろん、人や動植物、建物など細かな模型が精巧に作られている。

「くらしの風景」――くらし・信仰・娯楽

テーマ2「くらしの風景」は、武士や庶民のくらしや信仰、娯楽、風俗を紹介している。冒頭に触れたように、この地は数多くの大名屋敷、旗本屋敷、組屋敷（組に属する下級武士の屋敷）が存在していた。二三区のなかでも最も武士中心のまちであり、そのことがこの区の最大の個性である「文教」＝「学問と教育」を形作ることとなる。特にこの地には広大な加賀藩上屋敷（現東京大学一帯）や水戸藩上屋敷（現東京ドーム一帯）があり、また多くの大名の中屋敷、下屋敷が散在していた。展示資料の中で目を引くのは、加賀藩上屋敷の「前田家江戸御屋敷惣絵図」（複製）である。筆者は、大名屋敷というものは、その敷地の過半が庭園などの無住空間だろうという先入観を持っていたが、広大な敷地（一〇万坪以上）いっぱいに御殿のみならず長屋風の建物が所狭しと建ち並んでいる。とりわけ長屋の数が想像以上に多いことに驚いた。多いときには三〇〇〇～四〇〇〇人が生活していたと言われる。

この地の特徴の一つは、いくつかの特殊な武家屋敷が存在していたことである。「小石川養生所」、「鷹匠屋敷」、「キリシタン屋敷」である。一七二二（享保七）年に小川笙船《しょうせん》の建言で貧窮病人を救うために設置された小石川養生所は、「赤ひげ先生」の話で有名であり時代小説にもしばしば登場するが、その復元図と復元模型が展示され、認識をリアルにしてくれる。二三区の周辺部の区立ミュージアムには、将軍の「鷹狩り」の展示をしているところが多いが、その管轄部局が鷹匠屋敷である。鷹匠屋敷はもともと本郷に置かれたが、一七一七（享保二）年の火事で焼け、その後、千駄木と雑司ヶ谷に分けて置かれた。展示は千駄木御鷹部屋の様子が示されている。キリシタン屋敷とは禁制のキリスト教徒を収容した牢で「山屋敷」とも呼ばれた。江戸後期には収容するものがいなくなり廃止されたという。新井白石の名著『西洋紀聞』は、単身で日本に潜入して捕らえられた宣教師ヨハン・シドッチを、白石がこのキリシタン屋敷で取り調べたことをまとめたものである。

信仰や娯楽に関する展示も興味深い。江戸期、度重なる火事、地震、疫病に見舞われた庶民は、家内安全、無病息災、商売繁盛を祈って様々な民間信仰が盛んになった。地蔵、観音、不動、稲荷、庚申、大黒、閻魔などがあちこちに祀られ、広く信仰された。本館では特に富士信仰と富士塚の展示を中心としている。富士山に直接登ることができない信者のために各地で富士山を模した富士塚が作られたが、文京区内にも富士神社や護国寺にその塚が現存し、また富士信仰中興の祖である身禄行者《みろくぎょうじゃ》（食行身禄《じきぎょうみろく》）の墓も区内の海蔵寺にある。ただ富士信仰は、二三区内の各地に存在し、文京区内が特に盛んであったわけではない。むしろ文京区内で独特な興味深い民間信仰としては、源覚寺の「こんにゃく閻魔」、大円寺の「ほうろく地蔵」、福聚院の「とうがらし地蔵」などで、現在は展示されていないのが残念だが、常設展示図録の『文京の歴史風景』には紹介されている。

こんにゃく閻魔については、眼病を患う老婦人が閻魔大王像に日々祈願し治癒したため、感謝のしるしとして自身の好物であるこんにゃくを断って、ずっと閻魔大王に供え続けたという言い伝えがあり、現在でも眼病治癒などのご利益を求める人々から信仰を集めている。ほうろく地蔵は、放火の罪によって火あぶりに処せられた八百屋お七を供養するために建立されたと伝えられ、お七の罪業を救うために、熱した焙烙《ほうろく》を頭にかぶり、お地蔵さま自ら焦熱の苦しみを受けられているという言い伝えを持つ。脳や

菊人形展の団子坂復元模型

眼、鼻、耳、ノイローゼなど、首から上の病気平癒に霊験あらたかとされる。とうがらし地蔵については、喘息を持つ老婦人が、医者から好物の唐辛子を止められていたにもかかわらず、食べて亡くなってしまう。憐れんだ近所の人が地蔵尊を祀り、唐辛子を供えたところ不思議と咳が止まったという。喘息封じや咳止めのご利益があると人気を集めている。まさにこれらは現在でも都内の知る人ぞ知るパワースポットでもある。

江戸から明治にかけて、庶民の娯楽は芝居、寄席、相撲であり、季節ごとに、春の花見（桜）、夏の川開き（花火）、秋の月見や菊見、冬の雪見、あるいは神社の祭礼や寺の開帳などであった。この展示で特に目を引くのは、菊人形展で賑わう団子坂の復元模型である。顔や手足を木彫りで作り、体を菊で飾った菊人形が、現千駄木駅近くの団子坂に並びだしたのは幕末のことであるが、明治以降、団子坂の菊人形は東京名物とされ、両国の菊人形とともに賑わった。現在は全国いくつかの地域で菊人形展の名所があるが、団子坂はそのはしりの地であった。

「文化の風景」――「文教」のまち文京区

テーマ3「文化の風景」に移ろう。一九四七（昭和二二）年、小石川区と本郷区が統合して文京区が誕生したのだが、文京区の名前にも表れているように、この区の歴史的個性は「文教」＝「学問と教育」にある。新たな文化の創造の地であるよりは、学問を学ぶ教育の地という面が強いであろう。江戸期においても近代においても、新しい日本の文化がとりわけこの地から数多く生まれたわけでは必ずしもない。むしろこの地は、近代以前は中国の儒学、近代以降はヨーロッパの近代科学という最先端のそして多様な学校教育の地、学びの地であり、学びの京《みやこ》であった。

武家の地としてのこの地に、武家の学問としての儒学（朱子学）の教育のために、一六九〇（元禄三）年、五代将軍綱吉は上野忍岡（現上野公園）にあった林（大学頭）家の孔子廟を湯島に移し、聖堂と学問所を設立した。後の寛政期には、それを幕府直営の昌平坂学問所と改めて、幕府における文教の中心とした。旗本・御家人のみならず、諸藩の藩士、郷士、浪人などの聴講も可能であった。現在は聖堂だけを残しているが、かつては講堂、学寮、御成御殿など、現在の東京医科歯科大や順天堂病院の敷地までも含む壮大なものであった。その昌平坂学問所全体の復元模型も展示されている。ここを舞台に多くの優れた人々が学び教え育ったが、とりわけ幕末には諸藩からの人材が集まり、庄内藩の清河八郎や長州藩の高杉晋作もここで学んだ。とはいえ江戸期における真に創造的な学者（例えば中江藤樹や山崎闇斎、伊藤仁斎や荻生徂徠、貝原益軒や新井白石、安藤昌益や富永仲基、本居宣長や平田篤胤など）をこの地は出しているわけではない。

幕府の学問所だけではなく、いくつかの藩の藩校も今の文京区内にあった。通常、藩校とは江戸ではなく国許にあるのだが、掛川藩（太田家）、福山藩（阿部家）、郡上藩（青山家）、多古藩（松平家）、岡崎藩（本多家）の藩校は、この地の江戸屋敷内に置かれていたのである。また僧侶の学校（修行所）である「梅檀林《せんだんりん》」も、この区内の吉祥寺（曹洞宗）と伝通院（浄土宗）にあり、多い時には一〇〇〇人以上の学僧が学び、宗門教育の学校として大きな役割を果たした。ちなみに現在の駒澤大学の基になったのが、吉祥寺梅檀林である。

近代に入って、一八七二（明治五）年、昌平坂学問所跡に、東京師範学校（現筑波大学）が、二年後には東京女子師範学校（現お茶の水女子大学）が置かれ、初頭中等教育の教員養成がこの地から始まった。その後、旧加賀藩上屋敷に置かれたのが東京大学であった。また「私塾」も多く設けられ、私立大学創設への動きも多く見られた。以来、この地は日本の高等教育の中心となり続けているのである。近代以降に文京区で特に発達した産業に医療機器産業、印刷関連産業があるが、東京大学を初めとする高等教育機関との関連は明らかであろう。

テーマ3の最後が「文人たちのまち文京」である。江戸期において、江戸文学を支えた文人たち、また近代においても、近代文学を発展させた文人たちの多くがこの地に住み、まさにこの地が時代の文化を支えてきたことを、このミュージアムの展示は力説している。

江戸期の文人で展示が取り上げているのは、松尾芭蕉、太田南畝、滝沢馬琴の江戸文学の代表的な三人である。ただこの三人を文京区の人とするにはいささか問題があろう。確かに区内に「関口芭蕉庵」という、かつて芭蕉が一時期住んだとされる庵が保存されている。伊賀上野から江戸に出てきた当時の芭蕉が、請け負った神田上水の改修工事の際、付近にあった水番屋に住んだといわれているのが関口芭蕉庵の始まりとされるにすぎない。芭蕉は日本文化史上最大の創造的文人の一人であろうが、その芭蕉の江戸における創作活動の地は、はじめ日本橋（中央区）であり、後に深川（江東区）であって、あたかも芭蕉が文京区の代表的人物であるかのように展示するのは僭越であろう。同様に牛込（新宿区）を主たる舞台とした太田南畝は後年に住んだに過ぎず、深川生まれの滝沢馬琴は現千代田区や現新宿区に住んだのであって、文京区に住んだことを筆者は知らない。

近代文学で展示されているのは、坪内逍遥、二葉亭四迷、夏目漱石、森鴎外、樋口一葉、石川啄木であり、また「文京ゆかりの文学者」として一〇〇名以上の文学者名を書いたパネルが展示されている。日本の近代文学の創設者の坪内と二葉亭、また近代文学の二大巨人である漱石と鴎外、彗星のように現れ消えた印象深い作家である一葉と啄木、こうした文学者たちがこの地で活躍したことは、たしかに文京区の個性の一つになるだろう。しかし著名文学者といえども、彼らは各地を転居したため、東京二三区のどの区でも、それなりの文学者たちと関係を持っている。文京区が他の区にも増して文学活動が盛んであった、というわけでは必ずしもない。

その意味でも、文京区の歴史的個性とは、新しい文化の創造というよりも「学術文化の学び（学問と教育）」にあったといえよう。文京区の区歌にも次の一節がある。

「ああ大江戸のむかしより　ここは学びの土地にして（中略）書《ふみ》よむ窓の多《さわ》なれば　家おのづから品位あり……」（中山裕一郎監修『全国都道府県の歌・市の歌』）。

文京区の個性をまさに表現しているのである。

5 新宿区立新宿歴史博物館

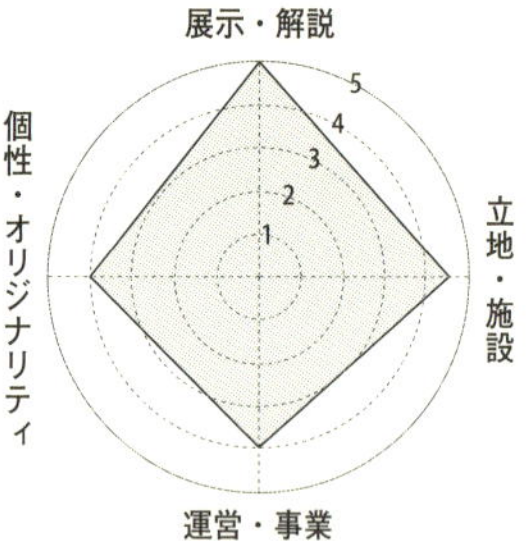

総合 ★★★★

〒 160-0008 新宿区三栄町 22

03-3359-2131

［開館時間］
9：30 ～ 17：30（入館は 17：00 まで）
［休館日］
第 2・4 月曜日（祝日の場合は翌日）、
年末年始（12 月 29 日～ 1 月 3 日）、
燻蒸作業日

一般：300 円
小・中学生：100 円
特別展については別途定めあり

常設展示図録あり

新宿とは、もともと東京の特定地域を指す固有名詞ではない。ある街道の一地点に新しく宿場が形成されたり、ある宿場が栄えてその町の外れに新しく宿場街が形成されることがあったが、新たに形成された宿場（街）を一般に「新宿」（新しい宿）といった。従って「新宿」は全国各地にあり、しんしゅく、しんじゅく、じんじゅく、にいじゅくなどと呼ばれた。しかし今や新宿といえば、多くの人が東京の山手線と中央線が西側で交差するあたりの特定地域であると考えてしまう。この新宿は全国にある「新宿」という名を忘れ去らせるほどに、その名を独占する固有名詞となったのである。

そんな歴史を思いながら新宿区立新宿歴史博物館を訪ねた。地下鉄丸ノ内線四谷三丁目駅から徒歩一

○分程度、新宿通りから小道を入った目立たない所にそれはある。入館料は三〇〇円と割高だが、その規模は大きく二三区のなかでも最も大きな区立ミュージアムの一つであろう。しかし立地条件も災いしてか、入館者は少ない。常設・企画の展示室の他、図書閲覧室、講堂、ギャラリー、それなりのミュージアムショップをも備えている。レストランはない。展示は古代から歴史順に並ぶが、教科書的な展示というよりテーマ展示に近い。とりわけ「江戸のくらしと新宿」「昭和初期の新宿」が最も見応えがある。しかも充実した『常設展示図録』と解説シートもある。さらに多くのすぐれた図録の存在が、この博物館の活発な学芸活動を物語る。この図録と解説シートに従い、新宿区固有のヒト・モノ・コトを表しているると思われる展示を見てみよう。

内藤新宿

新宿は甲州街道の新しい宿場であった。開設されたこの宿場は、他の街道の第一宿である品川（東海道）、板橋（中山道）、千住（日光街道）とともに「江戸四宿」と称されるようになる。しかしその成立は他の三つに比べ最も遅い。もともと甲州街道の第一宿はさらに西にある高井戸宿であった。他の三つの第一宿が江戸日本橋から二里（八キロ）ないし二里半の距離にあったが、高井戸宿は四里の距離にあった。この間が長いこともあり、浅草阿部川町の名主であった高松喜六という人物が、現在の新宿駅と四谷駅の間に宿場を創設しようとして、幕府に宿場開設を願い出る。この地は主として信州高遠藩内藤家の広大な屋敷地であったが、その一部を没収するとともに、一面の茅野原を開発して「内藤新宿」が成立するのである。一六九八（元禄一一）年のことであった。

内藤新宿のジオラマ模型

しかし新宿成立は単に距離の問題だけではなかった。この間の事情は『展示図録』に詳しい。そもそも甲州街道が他の街道にくらべ、人馬の通行量は少ないのは知られており、そこに新しい宿場を作ろうとした高松喜六たちの意図は、単に宿場を新設するのではなく「盛り場」を作ろうとしたのであった。当時の江戸には公認の遊廓として吉原があったが、街道の第一宿は食売女《めしうり》（＝売春婦）を置き遊興の地として賑わっていた。江戸城の西には番町から四谷にかけて多くの旗本・御家人が住み、こうした人々を対象とした遊興の地を、この新宿において狙ったものであった。他方、幕府も財政難を抱えており、高松喜六たちの上納金（五六〇〇両）は幕府ものどから手が出るほどの魅力であり、ここに両者の利害が一致して宿場開設となったのである。

しかしその後の新宿は必ずしも順調にはいかなかった。大規模火災の発生、商売敵の吉原の攻撃、「猥りなること」の弊害、「法外の事」（ある文書に「法外の事」があったと書かれているがその実態はわからない）によって、食売女取締の見せしめとして、開設二〇年ほどの享保年間に廃宿となる。その後は廃れたとはいえ、田沼政治の全盛期の一七七〇（明和七）年に地元の人々の再開運動が表面化し、その二年後に冥加金一年一五五両を上納することを条件に宿駅の再開が決定された。新宿のその後の発展は目ざましく、いつしか北の吉原、南の品川をこえる岡場所の雄として、それだけではなく江戸の「盛り場」として成長したのである。

展示室入り口近くに宿場町の大きなジオラマ模型が精巧に作られ展示されている。ただ約一二〇〇メートルに及ぶ宿場全体を復元したものではなく、江戸よりの四谷大木戸、中央部の高札場や問屋場近辺、甲州街道と青梅街道の分岐点である追分周辺の三つの部分が復元されている。とはいえ町並みの賑わいや南側に平行して流れる玉川上水を含めて極めてリアルに作られている。

内藤新宿を出ると街道と農村の風景が広がる。このミュージアムの印象的な展示に、「柏木・角筈一目屛風」という大きな屛風絵が展示されている。現在の新宿駅の西側一帯を描いたものである。明治初年の風景を描いたものとされているが、江戸後期とそれほど変わらないものであろう。今日、東京都庁を初めとする高層ビル群が林立する西新宿の一帯は、かつて角筈《つのはず》村という優雅な名前を持つ長閑な農村地帯であった。農村地帯であるとはいえ、江戸の近郊農村であるこの地は、街道沿いが町場化している。この地の農民は農業生産に従事するかたわら多くの貸店を営んでいた。近郊農村の一つの特徴であろう。青梅街道とりわけ成子町の街並みを中心に、現在の大久保あたりから甲州街道にいたる広範な地域を描いたこの屛風絵には、江戸の名所であった鳴子天神や十二社《じゅうにそう》熊野神社なども細かく描かれており、その静かな田園風景は、今日の西新宿の高層ビル群との落差を痛感させてくれる。

なおこの屛風については『「柏木・角筈一目屛風」の世界』というすぐれた図録がある。現地調査も踏まえたこの絵の解読（解読方法も含み）と解説が興味深い。

文学者のまち

江戸期を代表する文学の一つが狂歌であることは論を俟たない。とりわけ一八世紀後半の明和・安永・天明期、田沼時代の活発な経済活動と自由闊達な雰囲気を背景に、機知や諧謔に富む天明狂歌（江戸狂歌）が江戸の町々に大流行し社会現象とまでなった。現在の新宿区の市ヶ谷・四谷地区こそ、この天明狂歌発祥の地であった。その中心は言わずと知れた大田南畝（狂歌号は四方赤良、晩年は蜀山人と号す）であり、下級幕臣として牛込仲御徒町の組屋敷に住んだ。南畝を取り巻く狂歌作者たちも現在の新宿区に住み、あるいは集った。内藤新宿で煙草屋を営む天明狂歌の長老・平秩東作《へづつとうさく》、田安家家臣の唐《から》衣橘洲《ごろもきっしゅう》、御先手与力の幕臣・朱楽菅江《あけらかんこう》、その妻で女流狂歌師として名高い節松嫁々《ふしまつのかか》などが現新宿区の住人であった。天明狂歌は武士層のみならず広く町人層にも広がり、また漢詩、和歌、俳諧、川柳などの他の韻文ジャンルを完全に圧倒する勢いであったという。狂歌師たちの関心の中心は、色と酒と金であったろう。南畝にはよく知られた以下の狂歌がある。

　世の中は　色と酒とが敵《かたき》なり　どふぞ敵にめぐりあひたい

雅俗に通じ、湧き出すような滑稽諧謔の才を持ったマルチクリエーター、南畝らしい句である。人生そのものを「しゃれのめした」天明狂歌はまさに「日本の笑いの文学の頂点」であったといえよう。なおこのミュージアムの図録『「蜀山人」大田南畝と江戸のまち』は、南畝の全容を知るに格好である。

　天明狂歌の隆盛には、実はその学問的下地があった。儒学者・荻生徂徠の存在である。「独創性と影響力の強さにおいて」おそらくは江戸期最大の学者であり思想家であった徂徠は、五代将軍綱吉の寵臣柳沢吉保に仕えた後、日本橋に私塾を開いたが、後に現新宿区の牛込に移り、没するまで牛込近辺を離れることはなかった。徂徠門下には、経学の太宰春台、詩文の服部南郭を双璧として、数多くの多彩な門人が育った。徂徠一門は牛込の地にちなんで「牛門」と称される。天明狂歌の中心大田南畝は、神童といわれた幼少時より漢学を松崎観海に学んだが、観海は徂徠門下の太宰春台の門人であり、その意味で南畝は牛門の第三世代であった。牛込の地に徂徠学は脈々と続いていたといえよう。

近代以降もこの新宿区の地は数多くの文学者を輩出した。「近代文学に見る新宿」というテーマの展示が詳細にそれを伝えている。中でも展示に取り上げられているのは、「明治の文学」では、日本における近代文学の創始者・坪内逍遥、松江・熊本・神戸の生活を経て新宿に住み、日本文化を広く西洋に紹介した小泉八雲（八雲の生まれたギリシャのレフカダ町と新宿区は友好都市協定を締結している）、日本初の文学結社「硯友社」の中心人物・尾崎紅葉、新宿で生まれ育ち新宿で亡くなった夏目漱石などである。漱石門下からはそうそうたる弟子たちが輩出するが、その弟子たちとの議論の場が「木曜会」であった。津田青楓が描いた「漱石山房と其弟子達」という絵が展示されているが、おそらく弟子達個々の特徴をよく捉えたものであろう、興味深い絵である。

「大正・昭和の文学」で展示されているのは、自然主義文学の島崎藤村、国木田独歩、田山花袋であり、また他のいくつかの区でも取り上げられている永井荷風も展示されている。荷風の膨大な日記は『断腸亭日乗』として広く知られるところであるが、その「断腸亭」とは荷風が一時期住んだ大久保余丁町の自宅を称したものであった。昭和に入って、戦前のアヴァンギャルド（前衛芸術）、プロレタリア文学、新感覚派などの多くの文学者が新宿駅周辺や落合に集まった。中でも流行作家となってから落合に住んだ林芙美子の家は、現在、新宿区立林芙美子記念館となって、様々な文学活動を行っている。

また戦後も多くの文学者たちが活発に交流したのは新宿駅周辺であった。その中心の一人が紀伊國屋書店の創業者・田辺茂一であり、彼の主宰する雑誌『風景』は文学者たちの活動交流の拠点であった。

田辺茂一の著書（『酔眼竹生島』）刊行記念の大きな寄せ書き屏風が展示されているが、絵あり文字ありカラフルなこの屏風が面白い。以上の作家の様々な関係物品とともに、一〇〇名を超える作家の新宿区内の居所を記した二枚の「文学マップ」が展示されている。区内に生まれ育ったものはほとんどいないし、また多くは一時的に住んだものも多いだろう。しかし明治期の牛込地区、大正昭和の落合や新宿駅周辺は、やはり日本の文学史上、特筆すべき地の一つであろう。

盛り場としての新宿、その源泉

前述の「江戸のくらしと新宿」と並んで、このミュージアムの見応えのあるテーマは「昭和初期の新宿」であり、昭和一〇年前後の新宿を扱っている。『展示図録』によれば、この時期は「江戸時代から続く内藤新宿を中心とした街から脱皮し、現在の新宿の原型が作られた時期にあたる」という。現代に続く盛り場として、また新宿を利用するサラリーマン層の生活原型や都市文化が、この時期に作られたのである。それを促したのは郊外都市交通の整備であった。

江戸時代からもともと新宿は交通の要地であったが、大正期、とりわけ関東大震災以後、西郊地域へ移り住む人々の急激な増加に伴い、新宿は、省線（現ＪＲ）のみならず、市電や市バス（昭和一八年に東京都制となり都電や都バスとなる）、京王、西武、小田急などの私鉄の接点、乗換駅として発展した。既に一九二七（昭和二）年には一日の利用乗降客数で日本一を数えるにいたる。最も乗降客が多かったのは省線であるが、次いで市電であった。一九三五（昭和一〇）年の新聞に東京の繁華街の騒音調査の結果が掲載されているが、「騒音地獄一巡　新宿がその王座〝わめく鬼〟市電」というタイトルを持つ。

新宿はそれほどに騒々しい場所であった。今はこの地区から姿を消した市電の電車がまるまる一台展示してある。当時の市電は木造の４２００形と半鋼製の５０００形の二種類があったが、展示されているのは残念ながら５０００形である。

都市交通の整備とともに新宿は急速に繁栄した。駅周辺では、伊勢丹や三越、新宿松屋などのデパートに買い物客があふれた。デパートは西洋から受け入れたものであったが、日本のデパートの大きな特徴は、家族向きに、高層階に食堂を設置し、屋上に遊園施設を設けたことであった。新宿の繁栄はまさにデパートから始まったといえよう。しかもそれらが装飾的でモダンな建築を競った。デパートのみならず中村屋のパンを買うために人々は列をなし（またこの中村屋は日本のカレーの発祥でもある）、高野のフルーツや二幸（「山の幸、海の幸」の二つの幸にちなんで名付けられた）の食料品はいつも話題となり、聚落や家庭寮などの食堂は多くの家族連れで賑わった。人気店の一つである新宿カピーという店では、カルピスマカロというものを出したが、マカロニを煮込んでカルピスで味をつけたものだという。その模型が展示してあるが、今となっては食欲をそそらないほどに珍しい。

東京市電 5000 型

また映画が娯楽の中心であったこの時期、この地には洋画の封切館として人気を博した武蔵野館を初めとして、昭和館、光音座のセカンド館や名画座の他、板妻や大河内伝次郎などのスターが活躍した邦画の帝都座、松竹座、大東京など数多くの映画館が次々に開場していった。当時、学生とサラリーマンの人気を特に集めた軽演劇場は、屋根にその名のとおり赤いイルミネーションの風車がくるくるまわるムーラン・ルージュ新宿座である。この劇場で上映されたのは、「サラリーマンなどを主人公として、その平凡な生活の中の喜怒哀楽をスケッチした内容でその中に社会に対する風刺やペーソスが込められ」た演劇であり、その風刺劇と若い踊り子のレビューは観客の喝采を受けていたという。「空気、めし、ムーラン！」というこの劇場のキャッチフレーズは人間にとってなくてはならないもの、という自負に他ならなかった。

また三越裏あたりにはカフェー街もあり、「店から流れ出るジャズや女給たちの嬌声の中に日頃の憂さを忘れようとする客たちで大変な賑わいを見せていた」。カフェーの店数は昭和四～五年頃から急増し、東京でも新宿が一番多かったという。カフェー街およびカフェー内部の模型があり、往時をしのばせてくれる。

こうして新宿は江戸時代以来の浅草、文明開化を機に繁栄した銀座とともに、昭和初期以降、サラリーマンやその家族で賑わう東京屈指の「盛り場」となっていったのである。

二三区内で屈指の規模を持つこのミュージアムに、なお見るべき展示は数多い。ともあれ一九四七（昭和二二）年、これまでの四谷区、牛込区、淀橋区が合併し今日の新宿区が誕生した。一九六五（昭和四〇）年に西新宿の淀橋浄水場が移転し、その跡地に高層ビル群を林立させながら、新都心として中枢的機能が集中するようになる。副都心を越えて新都心となった。一九九一（平成三）年には丸の内から東京都庁が移転した。地理的にも二三区のほぼ中心である新宿区は、まさに都心部のみならず東京都の中核を形成する存在となったのである。

かつての長閑な農村であった角筈村が、全国の「新宿」（新しい宿場）からその名を奪って独占し、牛込には江戸期一番の大学派・荻生徂徠の「牛門」や滑稽諧謔という点で江戸一番の文学派・大田南畝の天明狂歌を生み出し、近代にいたっては日本一の繁華街と歓楽街となり、ついには丸の内から都庁を奪って東京都の中心の地となった。新宿区の個性とは「中心と首位に向かう区」であったと解釈することもできるであろう。

6 白根記念渋谷区郷土博物館・文学館

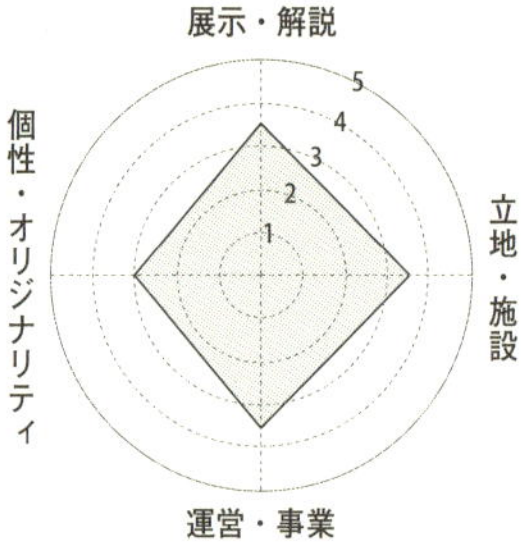

総合 ★★★

〒 150-0011 渋谷区東 4-9-1

03-3486-2791

［開館時間］
節電に伴い現在は 13：00 ～ 17：00（入館は 16：30 まで）
本来は 9：00 ～ 17：00（入館は 16：30 まで）
［休館日］
月曜日（祝日の場合は直後の平日）、年末年始

一般：100 円
小中学生：50 円

常設展示図録あり

今日、渋谷といえば多様な流行文化、若者文化を創造・発信している街として全国的にその地名が知られている。一般的な日本人にとって、渋谷とはＴＯＫＹＯ文化の最先端の地であり、それ故に日本の中の最大の「別世界」であるかもしれない。しかし日本人だけではない。鈴木伸子『東京はなぜ世界一の都市なのか』によれば、外国の観光客が渋谷のスクランブル交差点の膨大な人混みをわざわざ見物に行くという。その人混みは世界中で「他に類のないもの」だからしい。こうして渋谷は世界的にも有名な地にまでなっている。

しかし渋谷という地名が有名になったのはまさに近年のことで、明治大正の頃のこの地はなお武蔵野の原野が広がる地であり、国木田独歩は渋谷駅近くに住み、周辺の雑木林を散歩しながら有名な『武蔵野』を執筆した。その前の江戸期には誰も渋谷の地になどに関心を持たなかった。おそらくはただ一つの例外を除いて。例外とは「渋谷金王丸」の伝説である。金王丸とは中世初期の伝説的な人物であり、鎌倉時代に成立した『平治物語』に初めてその名を現す。そこでわずかに描かれたに過ぎない彼の姿は、その後、謡曲、幸若舞曲、浄瑠璃、歌舞伎などの芸能や錦絵にまで描かれることによって、大きくふくらみ変容し、全国的に知られるとともに、全国各地に所縁の伝承が伝わっている。江戸期の人々は、渋谷といえばこの金王丸を連想したのである。

金王丸に関して、渋谷区郷土博物館は詳細で優れた図録『伝説のつわもの渋谷金王丸』を著しているが、以下それに拠る。『平治物語』によると、平家の頭領・平清盛に平治の乱で敗れた源氏の頭領・源義朝は再起を図るべく東国に向かう途中、尾張国で源氏重代の家人であった長田忠致《おさだただむね》の裏切りにより討たれてしまう。義朝にずっと付き添ってきたのが金王丸であり、彼は敵方を斬りつけた後、都の常磐御前のもとに義朝の最期を報告し、自らは出家すると言い残して去っていく、というものであった。実在定かでないこの人物の物語は、後世様々に脚色され、金王丸は桓武平氏・渋谷氏の一族の剛勇無双な強者《つわもの》として、その活躍物語が作られ、長く人々に親しまれていくのである。忠臣・金王丸は、現代渋谷のシンボル、忠犬ハチ公を連想させる。

他方、全国各地に金王丸に関する伝承や遺跡も存在する。金王丸が当地で亡くなったとするものや、金王丸の子孫の家がある（あった）とするものであり、北は新潟県から南は九州佐賀県にまで広く多く存在する。しかしこの伝承の中心は何といっても渋谷区であろう。渋谷駅からほど近い金王八幡宮をはじめとして、いくつかの寺社に金王丸とのかかわりを伝えるものが見られる。渋谷重家がこの八幡に祈願したことによって金王丸が生まれたとされ、境内には江戸の名所とされた金王桜や金王丸像を安置する金王丸御影堂があり、『江戸名所図会』にも記されている。

さてその白根記念渋谷区郷土博物館・文学館に向かおう。JRはじめ各線が集まる渋谷駅から徒歩にして二〇分以上とかなり遠く、立地条件は悪い。訪れる人もほとんどいない。「白根記念」と名付けられているように、元渋谷区議の白根全忠がこの地を区にそっくり寄贈したのを機に、旧郷土資料室を移築し、二〇〇五年に全面リニューアルしたのがこのミュージアムである。

一〇〇円の入館料を払って中に入ると、正面に渋谷のシンボルである忠犬ハチ公の像が迎えてくれる。一階は特別展示室、渋谷の歴史や文学に関する情報を調べることができるパソコンコーナー、刊行物販売展示コーナーの他、喫茶コーナーまである。二階は博物館の常設展示室であり、地下が文学館展示となっている。講座等が開かれる多目的室もある。

忠犬ハチ公像

渋谷に茶摘み、放牧風景

現渋谷区の古代の状況はほとんどわからない。武蔵国の、おそらくはその荏原郡に属していただろう。

中世に入り、鎌倉時代には先に触れた桓武平氏の渋谷氏が存在したが、その渋谷氏は本来、相模国（現神奈川県）を本拠とする武士団であり、この東京の渋谷の地を領したのか否かも不明である。そもそも「渋谷」という地名が確認されるのは、室町時代の一四二〇（応永二七）年の「武蔵国江戸書立」（『米良文書』）においてである。

小田原北条氏の時代を経て江戸時代に入り、のどかな風景の農村地帯であった渋谷地域は、江戸城に近い東側から次第に武家屋敷が広がっていき、東側台地の大半が数多くの武家屋敷に占められるようになる。しかしその大半は下屋敷であった。武家地の拡大とともに、主要な道沿いや寺社の門前などに町家も立ち並ぶようになる。千駄ヶ谷、青山、渋谷、広尾、麻布などの町地がこうして形成されていったのである。

このミュージアムは、「渋谷の私塾」として二人の著名な学者を取り上げている。江戸中期以降、文人・学者がこの地に移り住むようになったが、なかでも下渋谷村に居住した服部南郭《なんかく》と松崎慊堂《こうどう》は有名であり、多くの文人や門弟が訪れ集った。二人の肖像画をはじめ、いくつかの関連資料が展示されている。

新宿区の項で触れたように、服部南郭は太宰春台と並ぶ荻生徂徠門下の双璧（経学の太宰春台、詩文の服部南郭）とされた。彼は一六八三（天和三）年に京で生まれたが、若年に江戸に出て柳沢吉保に仕え、同じく吉保に仕えていた荻生徂徠に入門する。吉保没後に仕官をやめて詩文の創作に励むことになる。当時として極めて長命であった最晩年の一七五七（宝暦七）年、下渋谷の羽沢に別邸「白賁墅《はくひしょ》」を設け、二年後にここで亡くなる。松崎慊堂は一七七一（明和八）年、現在の熊本県で生まれ、江戸に出て昌平黌で学んだ後、掛川藩に招かれて藩校の教授になった。一八一五（文化一二）年にそこを辞し

服部南郭像

て、下渋谷村の羽沢に山荘を作って移り住む。この山荘を「石経山房《せっけいさんぼう》」と名づけ門人の育成と研究に励み、一八四四（弘化元）年、ここで生涯を終えた。

松崎慊堂はともあれ、服部南郭はこの渋谷の地に住んだのはわずか二年であり、後半生のほとんどを赤羽橋（現港区）近くに住んだ。「赤羽先生」といわれた南郭は江戸期を通じても、最も評判の高かった文化人の一人であろう。南郭の文名は、「詩壇の泰斗として」いやが上にも高まり、功成り名を遂げた。門弟の束脩（謝礼金）が年に一五〇両を超えたという。江戸期の文人としては破格であったろう。しかし、日野龍夫『江戸人とユートピア』によれば、名を成した後も南郭は、「違世の情」（世間との対立感ないし世間からの圧迫感）を生涯持ち続けたという。その南郭が最晩年に渋谷羽沢に設けた別邸「白賁墅」こそが、彼の最後のユートピアの「別世界」であったのだろう。

明治に入ると、現渋谷区東側に広がっていた大名屋敷群は、国有地となった。政府は大名屋敷の跡地に、桑や茶の栽培を奨励した（現渋谷区の地に限ったことではなかったが）。渋谷地域は、とりわけ茶畑が増大し、「渋谷茶」として広く知られるようになる。また生活の洋風化とともに、牛乳の受容が拡大し、都市近郊の空き地の多い渋谷地域は乳牛を飼う牧場も作られていった。驚くことに明治前期には、全国の乳牛の約半数が東京に集中し、東京は日本一の酪農王国だったのである。現在の渋谷からは想像もつかない茶摘み風景や放牧風景があちこちで見られ、そうした写真もまた、ミュージアムに展示されている。しかし一八八九（明治二二）年に東海道線の全面開通により宇治茶が大量に入ってくると、渋谷茶は急激に衰退した。渋谷茶はその名の通り渋過ぎたのであろうか……。

流行先端都市としての渋谷

渋谷地域が現在のように都市化していくのは、新宿と同様、鉄道網の発達によってである。すでに一八八五（明治一八）年、日本鉄道会社品川線の開通により渋谷駅が開業したが、甲武鉄道上に一九〇四（明治三七）年、千駄ヶ谷駅の開業を契機として、渋谷地域に次々と新しい駅や路線が誕生していく。その後、山手線に代々木駅、原宿駅、恵比寿駅が開業し、少し遅れて玉川電気鉄道や東京市電が渋谷駅まで開通して、ターミナル駅「渋谷」誕生の契機となったのである。鉄道網の発達によって、駅を中心とする商業地域が形成されていった。特に道玄坂界隈は、映画館をはじめ飲食店が集まり活況を呈するようになる。また大正時代以降、サラリーマン人口の増加により、とりわけ関東大震災以降の都心部からの人口流入により、渋谷区域においても宅地化が急速に進行していった。こうして現在の渋谷区の街の骨格が出来上がっていくのである。

一九三二（昭和七）年、これまでの渋谷町、千駄ヶ谷町、代々幡町が合併し、今日の「渋谷区」が誕生した。この頃から渋谷のターミナルとしての地位が確立する。一九三四（昭和九）年に帝都電鉄線（現井の頭線）の開通とそれにあわせたターミナルデパートとしての東横百貨店の渋谷オープン、一九三九（昭和一四）年に地下鉄銀座線の全線開通によって、ターミナル化は完成し、渋谷は新宿・池袋と並ぶ東京西部地区有数の繁華街となるのである。

今日の渋谷区はファッション・流行の町、若者の町として、全国的にもさらには海外にもその名が知られている。そうした流行の先端文化を生み出していく契機は、二つあったであろう。一つは戦後、進駐軍兵士とその家族のための住宅が、この区内に大規模に建設されたことである。恵比寿には「恵比寿キャンプ」、代々木には「ワシントンハイツ」が造られた。とりわけワシントンハイツは、敷地面積二七万七〇〇〇坪に住宅のみならず礼拝堂、小学校、スポーツ施設、劇場、スーパーマーケット、ガソリンスタンドなどの様々な関連施設が設けられ、アメリカの一つの町が渋谷区に出現したかのようであった。そこでの生活は豊富な食料品や便利な電化製品など、当時の日本人には夢のような暮らしであったという。その技術や生活スタイルは、日本人に強く影響を及ぼし、現在の日本人の生活スタイルの原型となった。のみならず、新しい生活スタイルを吸収し、生み出していく文化をも育んだのではないだろうか。原宿から代々木八幡に広がるワシントンハイツの敷地図が展示されている。

もう一つは一九六四（昭和三九）年の東京オリンピックの際に、オリンピックの主要施設がこの渋谷区内に設けられたことである。国立屋内総合競技場や東京体育館などの本会場や様々な競技の練習場のみならず、報道のためのNHK放送センターなども設けられた。なかでも選手村にワシントンハイツ跡地があてられ、広大な敷地に充実した設備が設けられたのである。それとともに道路や下水道の拡幅などにも膨大な資金が投入され、都市機能の充実が図られ、それまでの町並みは一新した。

このミュージアムのメイン展示はやはり「渋谷の現代像」であろう。「代々木からアメリカ文化の風が吹」き、東急や西武百貨店が開店して「百貨店が人の流れをよびよせ」た一九六〇年代、歩行者天国が始まり、渋谷センター街を中心に「渋谷が若者とファッションの街」になった一九七〇年代前半、ラフォーレ原宿や渋谷109が開店し、ファッションビルが「流行の発信地」となった一九七〇年代後半、松濤美術館や国立能楽堂がオープンし、東京国際映画祭が渋谷で始まって、「大人のカルチャーゾーン」が出現した一九八〇年代、東京オペラシティや新国立劇場がオープンし、IT企業の集積地（ビットバレー）として「IT・アミューズメント・エンターテイメント」の地となった一九九〇年代、渋谷マークシティやセルリアンタワーがオープンし、「大人も若者も集う街」へとなっていく「渋谷新世紀」を迎えた二〇〇〇年代、こうした推移が展示されているのである。

「別世界」を求める渋谷

次に文学館ものぞいてみよう。そこには渋谷区にゆかりのある近代の三〇名近い文学者たちの事跡が紹介されている。例えば自然主義文学の国木田独歩や田山花袋、機関誌『明星』を刊行し詩歌の革新運動を展開した与謝野鉄幹・晶子、その元に集った北原白秋や馬場孤蝶、渋谷に多く住んだ『アララギ』派歌人の中心・島木赤彦、多くの文部省唱歌を作詩した高野辰之、ユニークな絵のみならず詩、短歌、童謡などの創作も行った竹久夢二、加えて志賀直哉、獅子文六、大岡昇平、三島由紀夫といった著名作家などの紹介が並んでいる。筆者にとって面白かったのは、高野辰之である。彼の作詩した有名な唱歌に「春の小川」がある。

「春の小川は　さらさら流る　岸のすみれや　れんげの花に……
春の小川は　さらさら流る　蝦やめだかや　小鮒の群れに……」

奥野健男書斎再現

この歌の場所はおそらく彼の生まれた長野県やそれに類した地域であろうと思い込むが、解説によれば、彼が住んでいた代々木付近の小川であるという。大正から昭和にかけての頃である。もっとも渋谷区は既にこのことを宣伝し、街づくりに活用している。

しかし上記の作家たちは渋谷区の生まれではなく、多くは人生のほんの一時期（比較的長く住んだ人もいるが）に渋谷区に住んだに過ぎない。この文学館が紹介している中で、渋谷で生まれ育ち住み続けた（ている）のは、代々木八幡の宮司家に生まれ、数多くの現代小説、時代小説、推理小説を発表し、テレビドラマや舞台の脚本など多方面に活躍している平岩弓枝であり、もう一人は、『太宰治論』や『文学における原風景』などで注目された文芸評論家の奥野健男である。とりわけこの文学館のメイン展示は、この奥野健男であろう。彼の往時の書斎が再現展示されているが、彼の家は、多くの文学・演劇・美術に関わる人々が集まり、幅広い交流の場でもあったという。文学館は来館者をして、作品を読んでみようとする意欲を喚起させてくれる。

以上のように渋谷は、実在定かでない別世界の金王丸を呼び寄せてその名を高め、服部南郭は渋谷に別世界を求め、戦後は「ワシントンハイツ」という別世界をつくり、現代は若者たちを中心に別世界を次々につくり出そうとしている。まさに渋谷区の個性とは「別世界を求める区」と解釈することもできよう。

7 豊島区立郷土資料館

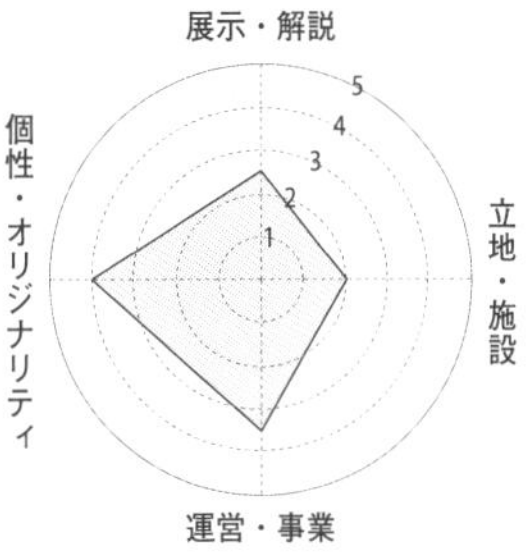

総合　★★★

〒171-0021 豊島区西池袋 2-37-4

03-3980-2351

［開館時間］
9：00 〜 16：30
［休館日］
毎週月曜日、第 3 日曜日、
祝日、年末年始（12月28日〜1月4日）

無料

常設展示図録品切中

文化庁は「文化芸術創造都市」推進事業を行っている。都市の空洞化や荒廃が問題となる中、欧米などでは、以前より、文化芸術の持つ創造性を活かした地域活性化や産業振興の取り組みが進められ、大きな成果をあげてきた。こうした「クリエイティブ・シティ」の取り組みは、世界的にも注目を浴び、日本においても、文化芸術を「地域振興、観光・産業振興等に領域横断的に活用し、地域課題の解決に取り組む」基礎自治体（市区町村）を、文化庁が「文化芸術創造都市」と位置づけ、支援しようとする事業が展開されている。その一環として二〇〇七（平成一九）年度より、こうした点で特に顕著な成果

をあげている基礎自治体を顕彰する「文化庁長官表彰」制度を設けている。その第一回の受賞は、横浜市、金沢市、近江八幡市、沖縄市であったが、第二回には札幌市、篠山市、萩市とともに豊島区が選出された。二三区のみならず東京都では初めてであり、その後も今のところ東京都からは選出されていない。

近年の豊島区長を中心とする精力的な文化政策は、溝口禎三『文化によるまちづくりで財政赤字が消えた』という著書に詳しい。劇団や文化芸術団体等の作品制作や稽古場などを提供する「にしすがも創造舎」(NPO運営)の設立、小学生を対象に音楽や演劇などの様々な芸術に触れる機会を提供する「ジュニア・アーツ・アカデミー」の運営、三〇一人収容の劇場を中心に、舞台公演や担い手育成のための「あうるすぽっと(舞台芸術交流センター)」、またそれと一体になり、全国初となる〝図書館サミット〟の開催など魅力的な企画を展開し全国的に注目を浴びる「中央図書館」(開館一年足らずで来館者一〇〇万人を突破)の建設、野外空間における音楽やアートパフォーマンス等のイベント、オープンカフェの設置、まちかど回遊美術館など、多くの文化的企画を展開し、にぎわいの創出やまちの活性化を図っている。かつてのゴミゴミし猥雑な印象をもたれていた池袋は、生まれ変わったのである。

そんな豊島区の区立郷土資料館はどうであろうか、と思いつつ向かった。それは、JR池袋駅から徒歩一〇分あまり。七階建ての勤労福祉会館の七階部分にある。立地条件としては必ずしも良くない。展示室しかない極めてシンプルな入場無料の資料館である。文化芸術創造都市・豊島区のメインミュージアムとしては恥ずかしい限りである。

ともあれ展示は従来型の歴史順の学校教育型展示ではなく、豊島区の特徴的なわずか四つのテーマに関する展示があるに過ぎない。それなりの分量を持つ『常設展示図録』（八〇〇円）もこの四つのテーマの解説であるが、今は品切れとなっている。四つのテーマとは「雑司が谷鬼子母神」「駒込・巣鴨の園芸」「長崎アトリエ村」「池袋ヤミ市」である。『常設展示図録』をも参照しながら、展示を眺めよう。

エレベーターを降りた前の小さなロビーが「鬼子母神」の展示スペースとなっている。なお雑司が谷の鬼子母神は、「鬼」という字の上の点がなく、上部が「田」となっている字を用いている。それは、雑司が谷の鬼子母神には「角《つの》」がないとの伝承があったとされるからである。もともとはインドの鬼神である鬼子母神は、他人の子を取って食べる邪悪なものであったが、仏の教化により、仏の守護神になったとされる。日本でも全国各地で安産・子育ての鬼神として信仰されている。

一六六四（寛文四）年に建立された鬼子母神宝殿（現在の本殿）には、その頃より多くの参詣人が集い、以降、門前に茶屋や料亭が建ち並んで、安産・子育てを願う信心と物見遊山という娯楽を兼ねた人々で賑わった。こうしたなか、参詣土産の玩具や名物も作られて有名になり、すすきみみずく、麦藁細工の角兵衛獅子、風車、川口屋の切飴などが売られ、明治以降、芋田楽、竹ひごと和紙で作られた蝶もあった。江戸末期では風車、角兵衛獅子、切飴が三大名物であったという。雑司ケ谷詣といえば必ずこうした土産や玩具と結びつけられて浮世絵などの題材となっている。本資料館の展示は、麦藁作りの俵である「さんだわら」（「べんけい」と

さんだわら

も呼ばれる）に差し込まれたみみずく、風車、蝶が復元展示されている。特にみみずくはきわめてユニークで可愛らしいアイテムに思える。

また「門前の左右には貨食店《りょうりや》軒端連ねたり」（『江戸名所図会』）とあるように、多くの料亭が建ち並んでいた。中でも茗荷屋、耕向亭、藪蕎麦は江戸中に有名であった。こうした料亭を舞台として、比較的富裕な町人の間で、俳諧、狂歌、川柳などが流行し、雑司ケ谷文化と呼べるような文人の活動と交流が形作られたという。

世界一の園芸文化発祥地

第二のテーマは「駒込・巣鴨の園芸」である。江戸中期から明治期にかけて、染井を中心に駒込・巣鴨一円に広がる地域は、花卉と植木といった鑑賞用植物の日本最大の生産地であった。のみならず、川添登『東京の原風景』によれば、鑑賞用植物の「文字通り世界最大のセンターであった」という。鎖国していたにもかかわらず、ヨーロッパにも大きな影響を与え、ロンドンやパリに花のルネッサンスを起こさせた。「日本の浮世絵が西洋文化にあたえた刺激より、園芸植物のあたえた影響のほうがはるかに大きいと評価してよい」という中尾佐助の言葉を、川添は先の著書で紹介している。であるならば、日本が世界に誇る浮世絵よりも、この駒込・巣鴨の園芸こそが、世界に誇れる日本の文化であったといってよい。

植木屋は園芸の技術者であり研究者でもあって、品種改良にも大きな役割を果たした。日本の桜といえば、今日ではソメイヨシノがその代表であるが、それは染井村（現駒込）の植木屋が、江戸の末期に、オオシマザクラとエドヒガンザクラをかけ合わせてつくり出したものであった。その染井の植木屋で、江戸一番として声価が高かったのは伊藤伊兵衛（代々伊兵衛を名乗る）家であったが、特に三之丞（三代）とその子政武（五代）が有名である。江戸の花ブームのさきがけは椿であったが、次につつじやさつきがブームとなる。なかでもこの三之丞はつつじやさつきを育成して江戸中に広め、「きりしま屋伊兵衛」と称した。その子・政武はかえでやもみじを育成して「楓葉軒」と号した。とりわけ交配によって新種を作ることが容易であったつつじは種々の品種が作られ、庭木として江戸中に普及するとともに、染井はつつじの名所となった。「飛鳥山の桜に染井のつつじ色を争い」と平賀源内が書いたように、染井のつつじは飛鳥山の桜とならぶ花の名所であった。

この親子の残した四種にわたる『地錦抄』をはじめとする諸著書は、日本最初の本格的な植物図鑑であり、総合的な園芸書として高く評価されている。

またこの地は菊づくりでも名を馳せる。とりわけ多数の菊を集めて虎や象を形どったり、富士山をつくるなど技巧を凝らした「形造り」といわれるものが登場してくる（最初は巣鴨ではなく麻布狸穴の植木屋によるものであった）。こうして菊見は江戸市民の秋の景物として人気が上がり、「元祖巣鴨名物菊細工」の名は天下に聞こえたという。そこから後に、明治の東京名物といわれた団子坂の菊人形（文京区の項参照）が生まれることにもなる。

花の文化の大衆化とともに、庭を持てない民衆に求められたのは鉢植えであった。とりわけ好まれたのは、小さな鉢に可憐な花を咲かせるサクラソウである。巣鴨・駒込の植木屋や農家は、そうした鉢物を天びん棒でかついで江戸市中をふり売りし、それを買った庶民は狭い路地にたくさんの鉢物を置いて

アトリエ村模型

生活の潤いとした。花と緑を愛好する園芸文化が江戸を覆ったのである。

目立たないことではあるが、現豊島区の地域は、世界一の園芸文化を創造したのであり、この驚嘆すべき事実をこの区の歴史的個性として誇るとともに、これからの街づくりにも活かしていくべきであろう。

芸術と大衆のエネルギー

第三のテーマは「長崎アトリエ村」である。豊島区のみならず、東京近郊の宅地化・都市化は一九二〇年代、とりわけ一九二三（大正一二）年の関東大震災以降に進行するが、同時に洋風化やモダニズムの文化もまた普及してくる。こうした流れの中で、一九三〇年代に豊島区の西部にあたる旧長崎町を中心に、美術家や画学生向けの借家群であるアトリエ村が生まれてきた。美術に理解ある土地所有者や資産家たちが、絵や彫刻を勉強する独身の学生たちのために、一五畳程度のアトリエと三〜四畳半の居室、台所とトイレのモダンな賃貸アトリエ住宅群を作っていったのである。そのうち最大のアトリエ村は、「さくらが丘パルテノン」と言われたアトリエ村であり、約六〇軒ほどのアトリエ付住宅があったという。このアトリエ村のジオラマ模型（実物の1／10の大きさ）が、本ミュージアムに展示されている。またこの周辺には多くの詩人たちも住んだり集まったりした。小熊秀雄、山之内獏、高橋新吉、佐藤一英たちである。ここに住む人々は、自由と芸術至上主義を謳歌し、互いに芸術論をたたかわせ、未来への夢を語り合いながら創作活動を競った。池袋駅の西側に点在するアトリエ村は、パリ南西部の美術家居住地のモンパルナスになぞらえて、「池袋モンパルナス」とも呼ばれ、ここから多くの美術家たちが育っていったのである。しかし残念なことに戦災でその大部分が焼けてしまう。

常設展示はされていないが、戦後、分野は異なるとはいえ同様な創作活動がなされた。一九五二（昭和二七）年、旧長崎町の椎名町に木造二階建てのアパートが建てられた。部屋は四畳半で家賃は月額三〇〇〇円。このアパートこそ後に「マンガの聖地」として全国的に知られる「トキワ荘」である。一九五三〜六一年の約九年間、ここに手塚治虫、二人の藤子不二雄、赤塚不二夫など十数名の新人マンガ家たちが住み、また付近にも多く住んだマンガ家たちが出入りする「マンガ家の梁山泊」ともいわれた。池袋の西、この旧長崎町の地は戦前戦後を通じて極めて創造的な地なのであった。

第四のテーマは「池袋ヤミ市」である。太平洋戦争直後、戦災都市の焼け跡に、バラック建ての長屋式連鎖商店街や露天が作られ、そこで当時の統制対象商品がヤミ取引で売買された。豊島区も東部から中央部にかけて戦災によりほとんどが焼け野原になり、池袋に典型的なヤミ市が形成された。店の多くは飲食店であり、次いで食料品を売る店が多く、衣料などの家庭用品を扱う店もあった。ヤミ市での価

池袋ヤミ市のジオラマ模型

格は、基準価格の何倍、何十倍ときには一〇〇倍を超すヤミ値で売られていたが、それでもよく売れたという。配給だけでは食料品すら十分に手に入らなかった当時の生活状況を表しているといえよう。当時の基準価格とヤミ値との比較表も展示されている。

一般にヤミ市とは、戦災都市住民の劣悪な窮乏生活の象徴であり、戦後の混乱した社会を反映する秩序のない無法地帯という印象さえもたれ、暗い汚れたマイナスのイメージが強い。本ミュージアムのユニークな点は、ヤミ市のプラスのイメージを積極的に主張しようとした点である。ヤミ市においては、戦時下の重苦しい圧迫感とは異なる、自由で解放感あふれる雰囲気の中で、みじめな生活を突き破り、戦後経済復興をなし遂げるたくましいエネルギーがみなぎっていたとする。まさにヤミ市とは戦後日本の都市経済の発展の源泉の一つであり、今日の日本人の生きざまの原点であると考えるのである。本ミュージアムには、池袋駅東口駅前のヤミ市の南部分を、1／20の縮尺のジオラマ模型でリアルに再現している。今となってははるか以前に撤去されたヤミ市の調査と大きな模型を作るために費やしたこのミュージアムの努力を評価したい。

新たな文化施設への期待

以上ミュージアムの展示を見てきたが、展示で取り上げられている四つのテーマは、ともに創造活動を取り扱ったものといえよう。鬼子母神を背景とする地域文人の雑司ケ谷文化、世界最大の園芸文化の中心、芸術文化創造のアトリエ村、経済復興の源泉としてのヤミ市、かつての豊島区が有した創造的活動であった。冒頭に記したように、近年もこの地は、音楽、演劇、アート、図書館活動など、次々に創造的な文化活動を展開している。おそらく豊島区は東京二三区の中で、古くから「最も文化的創造力を持った区」であろう。それが豊島区の最大の個性と解することができるだろう。

これほどに文化的創造性を持った地域である豊島区において、郷土資料館が極めて貧弱な点は、まことに残念である。大規模な文化施設や文化活動が次々に創設されてきた豊島区にあって、郷土資料館だけが置き忘れられた感があった。

しかしようやくここにきて、現在豊島区は、その文化拠点として「西部地域複合施設（仮称）」を建設しようとしている。それは、「芸術文化資料館（仮称）」、「図書館」および「地域文化創造館」という三つの施設の複合体であり、従来の郷土資料館を移設し、さらに美術分野・文学マンガ分野を加え機能充実を図った、まさに豊島区の総合的な文化拠点である。おそらく現時点での日本の基礎自治体の文化拠点としての理想像に近いものとなる可能性を持っているといえよう。建設も間近に迫っており大いに期待したい。豊島区は筆者にとって最も注目すべき区である。

城東エリア

8　台東区立下町風俗資料館
9　すみだ郷土文化資料館
10　江東区深川江戸資料館
11　荒川区立荒川ふるさと文化館
12　足立区立郷土博物館
13　葛飾区郷土と天文の博物館
14　江戸川区郷土資料室

8 台東区立下町風俗資料館

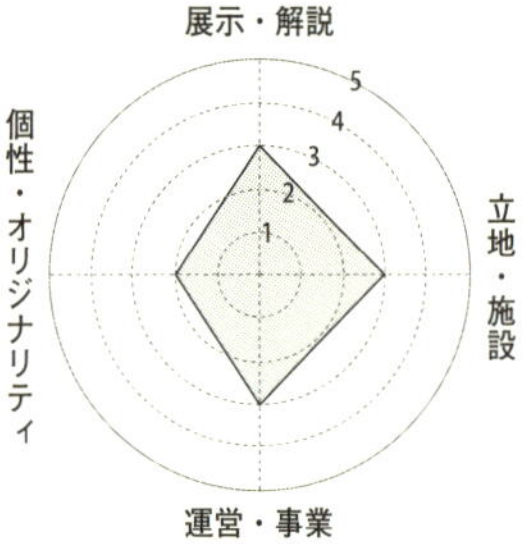

総合　★★

〒110-0007 台東区上野公園 2-1

03-3823-7451

［開館時間］
9：30 ～ 16：30（入館は 16：00 まで）
［休館日］
月曜日 (祝日と重なる場合は翌日)、12 月 29 日～ 1 月 1 日、特別整理期間等

一般：300 円
小中高生：100 円

常設展示図録あり

徳川家康は「黒衣の宰相」と呼ばれた二人の政治顧問を持った。臨済僧・金地院崇伝と天台僧・南光坊天海である。ここでは天海のみに触れたい。その前半生ははっきりしないとはいえ、通説に従えば、一五三六（天文五）年に東北地方（おそらくは福島県会津）に生まれ、下野国宇都宮の粉河寺、比叡山延暦寺、下野国足利学校、上野国長楽寺などを学問僧として遍歴した後、一五九〇（天正一八）年、五四歳にして川越の無量寿寺北院に入り、ここで初めて天海と号した。ちょうど家康が江戸入りした年でもあり、天海は家康に謁見することになる。これを契機に天海は再び比叡山に登り、要職を経て比叡山の実質的な頂点に立った。その後、天海は呼び戻されて、無量寿寺から喜多院と改められた関東天台の

総本山住職となる。彼は、家康、秀忠、家光の三代に亘って帰依され重用された。

この南光坊天海が、後に巨大都市となる江戸のグランドデザインを描いた。モデルは京（特に平安京）である。以下、宮元健次『江戸の都市計画』を参照したい。

天海の都市デザインの第一のポイントは、「鬼門封じ」である。天海は、京の東北（丑寅）の「鬼門」にある比叡山延暦寺にならって、江戸の「鬼門」に東叡山寛永寺を建立し、ややずれるが同じ「鬼門」の方角にあった浅草寺を幕府の勅願所として鬼門封じの任を与えた。上野と浅草がこの時既に対になったのである。のみならずそれまで現在の大手町にあった江戸の産土神・神田神社を「鬼門」の方角に当たる現在の地（外神田）に移転し、仏教のみならず神道も動員して鬼門封じに当たらせた。他方、西南（未申）の「裏鬼門」には、麹町にあった増上寺を移し、浅草寺の対角線上には徳川将軍家の産土神・日枝神社を置いた（図参照）。いわゆる江戸三大祭（日枝神社の山王祭、神田神社の神田祭、浅草神社の三社祭）は上記の神社の祭であり、祭によってもまた、鬼門・裏鬼門を清め守ったのである。

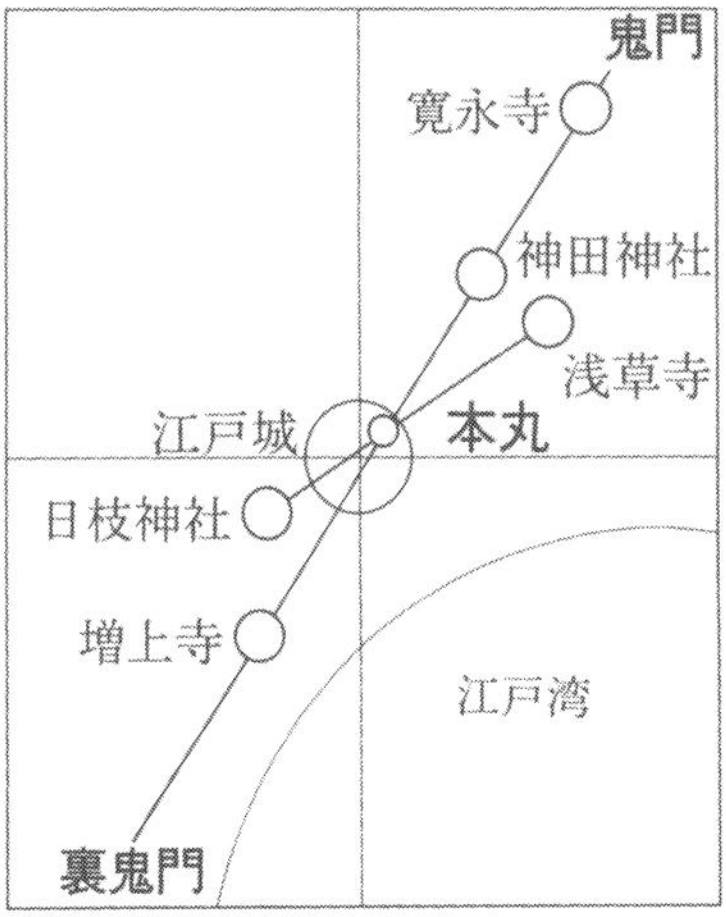

江戸の鬼門と裏鬼門（宮元健次『江戸の都市計画』より）

第二のポイントは「四方封じ」である。京においては東西南北のそれぞれに四つの大将軍社と四つの岩倉（磐座）を置いたが、天海は江戸の市街地の四方に不動明王を置いた。目青（時期により推移するが最後は現世田谷区）、目白（現豊島区）、目赤（現文京区）、目黒（現目黒区）であり、後に複数の目黄不動（現台東区と現江戸川区など）が置かれ「五眼《ごげん》不動」となった。

第三のポイントは「地霊鎮魂」である。江戸の「地霊」といえば平将門である。天海は将門の身体をいくつかに分け、江戸の各地に配して祀った。江戸という都市の骨格をなす堀割は、江戸城を基点として「の」の字型の渦巻き状に形作られた。他方、日本橋を基点に五街道が四方に伸びた。「の」の字型の堀と五街道の接点付近に、将門の首（首塚）、胴（神田神社）、手（鳥越神社）、首桶（世継稲荷神社）、足（津久土神社）、鎧（鎧神社）などを祀る塚や神社が設置され、地霊の鎮魂とともに、水陸交通を通して江戸に侵入する悪鬼を、地霊の力により封じようとしたのである。

このように十重二十重に張られた宗教的防衛網の中心は、もちろん上野の東叡山寛永寺であり、天海はみずからそこにドッカと座った。徳川幕府にとって上野の寛永寺はまさに最大の聖地であった。その地はもちろん現在の台東区である。

明治・大正期の東京の下町

台東区の区立博物館である下町風俗資料館を訪ねてみよう。それは、ＪＲ上野駅から徒歩数分、不忍池のほとりにあり、立地条件としてはかなり良い。入館料が三〇〇円と区立ミュージアムとしては高いにもかかわらず、また平日にもかかわらず、入館者はこの手のミュージアムにしてはかなり多い。

このミュージアムは台東区立ではあるが、台東区のミュージアムというよりも、東京下町全体の文化を伝えるためと銘打った「テーマ型博物館」である。明治・大正のころまでの下町には江戸の名残があったが、一九二三（大正一二）年の関東大震災、一九四五（昭和二〇）年の戦災、その後の高度経済成長によって「古い時代の大切なものが忘れ去られようとし」、「古き良き下町の文化が失われつつあることに、憂いの声が上」り、「庶民の歴史である下町の大切な記憶を次の世代に伝える」べく、一九八〇（昭和五五）年に誕生したのが本ミュージアムであるという。

もっとも下町とはどこかという点は曖昧である。江戸期の下町は、京橋、日本橋、神田が中心であり（現中央区の大部分と現千代田区の一部）、幕末から明治の初めに下谷・浅草（現台東区）が下町と呼ばれるようになる。このミュージアムが展示しているのは、関東大震災前の東京の下町であり、江戸期の下町ではない。ついでながら大正から昭和にかけて本所、深川（現墨田区と現江東区）が下町の範囲に含まれ、さらに現代では葛飾区、江戸川区まで含まれるようになった。

近年、集客力を期待する「テーマ型博物館」の設立が増えているが、筆者は、中心的な区立ミュージアムというものは一つの特定のテーマだけに係わるものではなく、区全体の個性的なコトやモノやヒトを表現するものであり、そうした個性的な事物を活用しながら、区のこれからのまちづくりに資するものであるという基本的考えをもっている。台東区の個性の一つが明治・大正期の「下町性」にあるにしても、台東区の持つなお多くの個性的なモノ・コト・ヒトを展示し得ないのは、区立ミュージアムとしては残念であるように思う。

ただ入館者が他の区立ミュージアムに比べ多いのは、立地の良さ以外にも、どことなく郷愁感を誘う「下町」というテーマを強調しているところからくるのかもしれない。

以下、『常設展示図録』を参考にしながら展示を見よう。展示スペースは狭い。一階には関東大震災以前の大正時代における東京下町の一角として、商家と長屋およびそれをとりまく大通りと路地が再現されている。表通りに面した大店《おおだな》の商家は花緒の製造卸問屋であり、裏店《うらだな》の長屋は駄菓子屋と職人の家である。

花緒製造卸問屋の室内には、製造用の道具や商売用の道具の他、「招き猫」や「福寄せ熊手」といった縁起物がある。興味深いのは、「用心籠」という火事などの災害時に必要なものを入れて持ち出すための籠。火事の多かった江戸期以来の木造都市・東京の事情を伝えている。

なお花緒は一般には「鼻緒」と書くが、東京花緒工業協同組合が戦後、「鼻」よりイメージの美しい「花」の字を用いるようになったというのが面白い。当時の履物はほとんどが下駄と草履であったため花緒はなくてはならないものであり、足元のおしゃれのアイテムでもあった。大雨の日には足駄《あしだ》（高下駄）、小雨や天気が悪くなりそうな日には日和下駄《ひよりげた》、もっともよく用いられた普段履きの下駄が駒下駄であり、草履はよそゆきであった。大正の初めに、永井荷風が「江戸の残り香」を求めて東京徘徊を続けながら書き記した『日和下駄』はよく知られている。もちろんその時のいでたちは、こうもり傘と日和下駄であった。

長屋の路地や軒下には、特徴的なアイテムがさりげなく置かれている。路地には鑑賞用の植物である万年青《おもと》や雪の下がある。万年青は明治期にブームとなった植物であり、雪の下は歯痛、腹痛、咳止め等の薬用としても用いられたという。軒下には、焼嗅《やいかがし》、酸漿《ほおずき》、大蒜《にんにく》、烏瓜《からすうり》などがかかっているが、注意してみなければ通常は見落としてしまうだろう。焼嗅とは、節分の日に焼いた鰯の頭を柊《ひいらぎ》の枝に刺したものを軒に飾り、その臭みと葉の棘で悪鬼を退散させるという民間信仰に基づく。酸漿は、病除けのお守りであるとともに解熱・利尿・咳止めなどの薬用としても効果があるとされ、婦人が買うと子宝に恵ま

路地と駄菓子屋の店先

れると信じられた。浅草観音境内で毎年七月一〇日（四万六千日）に開かれる有名な「ほおずき市」で売られた。大蒜は疫病予防や邪気祓いのために、烏瓜は肌荒れ対策や母乳の出を良くすると言われている。

長屋の一軒は、かつて「子どもたちの社交場」として駄菓子や玩具を売る駄菓子屋である。駄菓子は江戸期には「一文菓子」、明治以降は「一厘菓子」、大正時代には「一銭菓子」（一銭は一円の一〇〇分の一）と呼ばれた。屋内には様々な生活道具が置かれている。ここでも麦藁蛇《むぎわらへび》や荒神棚《こうじんだな》といった民間信仰にかかわるモノが柱に架かっているのが興味深い。麦藁蛇は各地の浅間神社で行われる「富士祭」（七月一日）に売られる細工物で、これにより水に困らない、病気にならないと信じられたものである。荒神とは、仏・法・僧（三宝）を守る神で、火伏せの神・竈《かまど》の神とされている。

長屋のもう一軒は、聞き慣れぬ「銅壺《どうこ》屋」と呼ばれる職人の職住一体の住まいである。銅壺とは火鉢に置いて使う湯沸器のことであり、銅壺屋とは、やかんや鍋など銅を材料とする器具の製作・修理をする。よく似た職種に「鋳掛屋《いかけや》」というのがあるが、鋳掛屋は銅製品のみならず鉄製品も扱い、また製作ではなく修理を専門とする点で区別されるという。室内にはそのための様々な職人道具や生活道具が展示されている。

二階には下町地域ゆかりの生活道具や玩具、季節や年中行事に関連する資料が展示されている。下町の夏祭の祭礼行列人形、メンコ、ベイゴマ、おはじき、ブリキ玩具、人形などの昔の玩具、明治大正から昭和の高度成長期にいたるまでの様々な暮らしの道具、職人道具、衣裳や化粧道具、銭湯の番台まであるが、台東区にとってはそれほど特徴あるものではない。日本全国どこにでもあったものであろう。近年全国各地で高度成長期以前の昭和の博物館と称する展示が盛んであるが、この資料館はその先駆けとしての意味は持っているのかもしれない。

ハイカルチャーの上野、サブカルチャーの浅草

台東区で最も特徴あるのは上野と浅草であろう。台東区は一九四七（昭和二二）年にそれまでの旧下谷区と旧浅草区が統合されて誕生したが、台東の「台」とは「上野の高台を表象」し、「東」とは「上野台の東に位置する浅草を表している」という。江戸時代の江戸は世界最大の都市であったが、都市を最も特徴づけるものの一つは盛り場である。年中、大群衆が集まり、ハレの日が日常化される（ハレとケの融合）という、他の地域では起こり得ない場所が盛り場であった。江戸の三大盛り場は、両国とならんで、浅草（特に浅草寺奥山）と上野（特に上野山下）であった。しかも浅草と上野は対をなして江戸を代表する名所でもあり、今日にいたるも東京の代表的観光地であるといってよい。芭蕉のよく知られた句に、

花の雲　鐘は上野か　浅草か

がある。芭蕉の住む深川の庵から、遠く上野・浅草方面に群れ咲く一面の桜をおぼろげに見渡せる。その時、芭蕉は鐘の音を聞いたのであろう。その情景と鐘の音の余韻がこの句に接する人々の脳裏にい

つまでも響いてくる。蛙が古池に飛びこむ音、岩にしみ入る蝉の声とともに芭蕉の音の名句であろう。

さらにいえば江戸期、将軍家の霊廟のある上野は「武家の最大の聖地」であり、観音様を祀る浅草は「庶民信仰の最大の霊場」であり、江戸最大のシンボルは日本橋と浅草の雷門であったろう。なおいえば浅草には、江戸の最大の特徴ともいえる吉原遊里と江戸歌舞伎（天保の改革以降）があった。

江戸を象徴している江戸期の上野・浅草こそ台東区の最大の個性であろうが、この資料館は一切触れていない。本来ならば上野のお山から山下にかけてのジオラマや浅草寺から奥山にかけてのジオラマが欲しいところであるし、吉原全体や遊女屋のジオラマ、芝居小屋などもあればよいであろう。

しかし明治以降の上野・浅草についてはわずかながら図や写真を中心に展示してある。明治以降、上野は殖産興業を目的とした「大規模な博覧会や、日清・日露の戦勝祝賀会や凱旋歓迎会など時代を象徴するような記念行事や催しの舞台」となった。とりわけ明治から昭和初期にかけては「博覧会の時代」であった。「内国勧業博覧会」「東京勧業博覧会」「東京大正博覧会」「平和記念東京博覧会」など、この時期毎年のように様々な博覧会が上野で開かれた。そこから上野公園には多くの博物館、美術館、動物園などの近代的な文化施設が設立された。多数の文化施設の集積、それが上野の特徴ともなっている。そうした博覧会の写真などがこの資料館に展示されている。

他方、浅草（とくに浅草六区）は曲芸、活動写真、浅草オペラなど、「新しい娯楽をいち早く取り入れ、興行街として発展して」ゆく。六区周辺にも富士縦覧場、パノラマ館、凌雲閣など大規模な娯楽施設が次々に作られた。昭和に入ってもトーキー映画（それまでの弁士が物語るサイレントの活動写真に代わって俳優自身がセリフをしゃべる）、エノケン（榎本健一）やロッパ（古川緑波）に代表される軽演劇や、ターキー（水の江瀧子）に代表される少女歌劇が人気を博することになる。こうして浅草は、飽きられてもまた新しいものを次々に提供しつつ、常に魅力ある娯楽を提供し続けてきた。そうした娯楽のいくつかの写真などがこの資料館に展示されている。以上のように、近代に入ってもなお、上野・浅草は対となって日本の文化を代表したのである。上野は「ハイカルチャーの殿堂」として、浅草は「サブカルチャーの拠点」として。

あり余る個性の表現を

その他にも台東区には様々な個性的なモノ、コト、ヒトが他のどの区にも増して多い。根岸や谷中をも含め台東区には多くの寺社があり（寺だけでも三〇〇有余）、それらの多くは独自の物語、文化財、景観を持っている。五重の塔が名高い谷中の天王寺は、湯島天神・目黒不動尊と並ぶ「江戸三富」と称された富突（くじ）興行の地であった。雑司ヶ谷鬼子母神と並ぶ入谷鬼子母神（真源寺）は「恐れいりやの鬼子母神」として人口に膾炙した。上野の黒門町は当時、江戸の名物として知られた「福神漬」の発祥地であり、「小倉そば」も名物であった。蔵前の「首尾の松」と呼ばれる松の木はいくつかの物語を持つランドマークであった。今戸は今土焼や今戸人形で知られる。以上はほんの数例に過ぎない。他の区ならば特筆すべきことでも、この区では書き切れないほどである。

ところで江戸の名残の「古い時代の大切なもの」「古き良き文化」とは何であろうか。この資料館は本来、この「良きもの」「大切なもの」を展示するためのものではなかったのか。古い時代の生活や信仰、道具などの展示があっても、それらがそのまま「良きもの」とは限らない。この資料館は、本来の趣旨である「良きもの」とは何かが、明確には示されていない。過去への「郷愁」の対象を「良きもの」とするなら、単なる懐古趣味にしかならない。いわゆる江戸ブームは今も続いている。それは、暗い封建時代というレッテルとは裏腹（もちろんそうした側面もあるが）に、思いがけないほどの自由で多様な発想から多彩な文化を生み出した江戸への見直しであるといえよう。しかしここでいう下町の「良きもの」とはそういうものではないだろう。おそらく下町の人情や助け合いの精神、共同性を言いたいのであろう。さらには古着や紙屑、流れ融けたろうそくや人の糞尿までもリユース・リサイクルする環境都市としても江戸に注目し、環境保全のシステムをいいたいのかもしれない。要するに「良きもの」とは、人を大切にする心・自然（モノ）を大切にする心なのかもしれない。であるならば、それは必ずしも下町の特性ではなく、なお宗教に包まれた前近代の日本全体（世界全体）に共通するものであろう。基本的にはそれは懐古趣味以上のものではない。

やはり台東区は、余りあるほどの多彩な個性を表現するミュージアムを作るべきではないだろうか。「個性的なものの広範で多彩な存在」「文化の圧倒的な集積」こそが、台東区の個性だからである。

9 すみだ郷土文化資料館

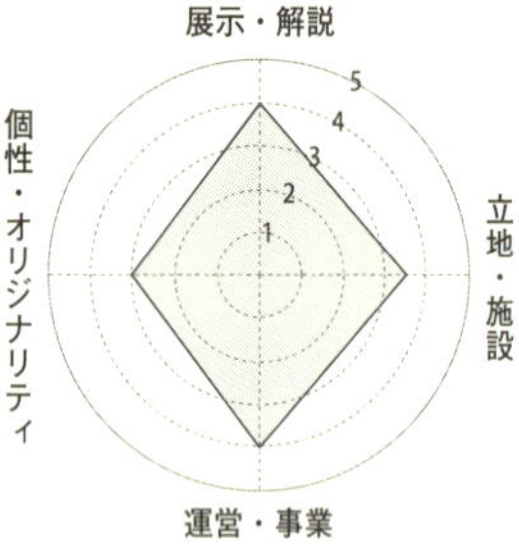

総合 ★★★

〒131-0033 墨田区向島 2-3-5

03-5619-7034

［開館時間］
9：00 〜 17：00（入館は 16：30 まで）
［休館日］
毎週月曜日（祝日に当たるときは翌日）、毎月第 4 火曜日（館内整理日・祝日に当たるときは翌日）、12 月 29 日〜 1 月 2 日まで

一般：100 円
中学生以下、身体障害者手帳・愛の手帳・療育手帳・精神障害者保健福祉手帳をお持ちの方は無料

常設展示図録あり

二〇世紀も終わりに近づきつつある一九九九年、アメリカの雑誌『ライフ』は「この一〇〇〇年で最も重要な功績を残した世界の人物一〇〇人」を選出した。その中で日本人として唯一選ばれたのが葛飾北斎である。誇張を恐れずに言えば、古今東西、分野を問わず、世界で最も評価される日本人は、おそらく葛飾北斎であろう。彼の残した『富嶽三十六景』（全四六枚）の多くが、その独創的で力動感あふれる構図やリアルで精密な描写によって人々の眼を惹きつける。この「世界の画人」北斎を生んだのが、いうまでもなく墨田区である。北斎は現在の墨田区内の本所南割下水（この通りは現在「北斎通り」と名付けられている）に生まれ、一生のうちに九三回の引っ越しを繰り返しながらも、九〇年の生涯のほ

とんどを本所・向島のこの墨田区内に住んだ。区内には北斎ゆかりの場所、北斎が描いた場所が数多い。現在、墨田区は世界から北斎の作品を収集し、「すみだ北斎美術館」を建設中である。全国にいくつかある北斎関係の美術館の中でも出色のものとなろう。一刻も早い完成を期待したい。

しかし今回訪ねるのは未だ完成していないすみだ北斎美術館ではなく、すみだ郷土文化資料館である。このミュージアムの名称「すみだ」はわざわざひらかなで書いてある。というのは「墨」田区と「隅」田川ではその字が異なる。墨田区の独自の風土や文化を育んだのが隅田川であるという認識から、隅田川の存在を重視し、区と川の双方を表したものであろう。

最寄りの駅である都営浅草線の本所吾妻橋駅に下車する。駅をでると東京スカイツリーが間近に見える。高さが世界一のこの自立式電波塔は、「世界の画人」を生んだ墨田区にこそ相応しい。ミュージアムに至るには駅から徒歩約一〇分を要し、目立たない場所にあって立地条件としてはそれほどに良くはない。

一〇〇円の入館料で五階建てのミュージアムに入ると、一階には「すみだのあゆみ」と称する極めて簡略な区の通史を展示するコーナーの他、区のゆかりの人物を検索することができるパソコンコーナー、郷土関係の図書コーナー、ビデオコーナーがあり、小さいながらもミュージアムショップがある。ショップには北斎関係の書や物が多いが、「すみだ郷土かるた」や相撲絵柄のネクタイも面白い。長命寺の桜もちなど江戸の名物フードや名高い料亭があったこの地域に、ミュージアムレストランがないのは残念である。展示の中心は二階にあり、隅田川を中心とする「すみだの風光」「墨堤のにぎわい」「近代すみだと隅田川」という三つのテーマ展示からなる。三階は「すみだ枠の世界」と題する企画展示室である。『常設展示図録』は一〇〇〇円と高額だがその内容は充実している。

隅田川の風景と文化

図録とともに展示を見よう。まず一階には通史コーナーの最初に「古代すみだの景観」という絵地図がある。古代の墨田区地域は下総国葛飾郡（その大嶋郷）に含まれる。当時から江戸初期にいたるまで下総国と武蔵国との国境《くにざかい》は隅田川であった。古代の官道は、武蔵の国府（現東京都府中市）から下総の国府（現千葉県市川市）に至るが、下総国府の手前で隅田川を渡る。その渡し場が「石浜」（現在の荒川区と台東区の境界付近）であり、その対岸が墨田区の北部、現在の隅田川神社や木母寺《もくぼじ》付近であったと推定される。この絵地図はそのことを示している。

『伊勢物語』の主人公とみなされる平安初期のドンファン在原業平の有名な「都鳥の歌」（「言問《こととい》の歌」）は、この渡しで詠まれた（もっとも業平が実際にこの地に来たとは思えないが）。歌川広重の錦絵「業平東下りの図」も展示してある。そのあまりに有名な歌を以下に掲げる。

名にし負はば　いざこと問はむ　都鳥　わが思ふ人は　ありやなしやと

東国のこの地で都鳥という名をもつ鳥（ユリカモメと推定されている）ならば、遠い都の現況もわかるだろうと、都の恋人の安否を業平は問うている。永井荷風がその著『江戸芸術論』の中で「国文中の真髄」として日本文学史上最高の評価を与えた『伊勢物語』の、この歌の影響は大きかった。とりわけ「都鳥」という言葉がインパクトを持ったのであろう。以下の川柳が残る。

かもめだと　いふと名所に　ならぬとこ

「いざこと問はむ　カモメさん」では歌にもならない。現在、墨田区にはこの歌にちなんで、業平という町名の他、業平橋、言問橋、言問小学校などがあり、言問団子まである。業平しじみは古くから江戸庶民に食されたこの地で採れるしじみ貝であった。ともあれ古代都《みやこ》の人々にとって、はるかに遠い東国は「異郷の地」であり、その東国を象徴するものこそ、行けども尽きぬ草原《くさはら》の武蔵野とこの隅田川であった。多くの詩歌が、隅田川を題材として歌われたのである。

メインテーマの二階へ行こう。最初のテーマは「すみだの風光」である。かつてのこの地域に関する多くの絵地図や錦絵が展示されている。なかでも木母寺を中心とした展示が目を引く。隅田川を舞台にした最も有名な物語が木母寺に関する梅若伝説である。後に様々に脚色されたこの伝説を粗筋のみ示せば以下のようになる。平安時代の中頃、京の吉田少将惟房の子・梅若丸は、大津で人買いの信夫藤太にだまされて東国に下るが、この地で病に倒れ短い生涯を閉じる。通りかかった旅の僧・忠円がそれを悼んで塚（梅若塚）を築く。その後、梅若丸の母が子の行方を訪ねて当地にいたったが、母もまたここで一生を終えたと伝えられる。木母寺は梅若丸を供養して建てられた草堂が起源とされる。この哀しい伝説は中世以降、能の「隅田川」（世阿弥の嫡男・観世元雅の創作）を初めとして浄瑠璃、歌舞伎、読み物、絵など多くの作品により人々に流布した。

中世にはこの渡し場を中心に水陸交通の要として交易機能が拡大し、宿場（「隅田宿《すだのしゅく》」）が形成され、独特の「隅田川文化」が形成されることになる。江戸期にはすでにこの宿が消えて「幻の町」となり、かつてここに商人たちの往来で賑わう都市的な機能をもった宿場が存在したことは忘れ去られた。しかし近年の調査研究によりその実態がかなり解明されてきた。先の梅若伝説とそれにまつわる芸能・芸術・民俗もそうした「都市的な場」のなかで形成された隅田川文化であり、全国に広がっていったのである。

このミュージアムが刊行した図録に『隅田川文化の誕生――梅若伝説と幻の町・隅田宿』がある。これは、二三区のミュージアムが持つ図録の中でも最も興味深い図録の一つであろう。数々の資料から浮かび上がる隅田宿の実態、見ているだけで面白いカラフルな梅若絵巻、多彩に芸能化された梅若伝説、念仏踊りや剣舞、神事や農作業の休日《やすみび》として、東日本一帯に広がったウメワカの民俗、また木母寺の変遷が説かれている。内容はあまりに多く、ここではその詳細を紹介することはできない。二〇〇〇円という高価な図録ではあるが、関心を持つ人は是非見ていただきたい。

豊富で個性的なモノ・コト・ヒト

第二のテーマ「墨堤《ぼくてい》のにぎわい」の中で目につくのが、墨堤の精巧なジオラマ模型である。それは照明と音響によって一日の時間の推移をも表現している。ところで「墨堤」とは江戸の風流人たちが名付けた名称であり、隅田川に沿って北部の木母寺周辺から南部は現在の隅田公園（江戸期には水戸藩下屋敷があった）までの川岸である。隅田川の単なる堤を漢語風に「ボクテイ」と称することによって、何か特別な地であることを印象づける。八代将軍吉宗がこの地に、飛鳥山や小金井と同様に多くの桜の木を植え、以来この地は桜の名所と親しまれ、「春は花見、夏は舟遊び、秋は月見、冬は雪見と、四季折々の風情が楽しめる景勝の地」として多くの錦絵にも描かれ、まさに特別な地となった。現在、この墨堤の上に高速道路がのしかかるように走り、かつての景観を台無しにしていることが惜しまれる。

このジオラマは明治末年の花見の様子を再現したものであり、全面に配された桜とともに建物、舟や渡し場（向島の三囲神社前から浅草今戸橋付近までを渡し船が往復していた）、そこを訪れそこで働く様々な人々を細かく作ってある。漫然と見ていてはわからないが、「展示解説シート」には、花見客の中に、仮装する花見客や実在の人々が登場しているという。当時の墨田区にはたくさんの工場があり、そこで働く人々が派手な着物を着たり、七福神の格好をしたり、思い思いの様々な仮装をして花見にやってきたという。

墨堤のジオラマ模型

このジオラマの凝りようは、墨田区のゆかりの人物を配していることである。当時向島の寺島村に住んだ幸田露伴が娘の幸田文《あや》とともに歩き、向島の土手下に住む少年の堀辰雄が祖母に連れられて来ている。フランスから帰国したばかりでちょうどその頃『すみだ川』を執筆していた永井荷風は、芸者好きの彼らしく、芸者を伴った姿が再現されている。荷風の代表作といわれる『濹東綺譚』もまた、周知のごとくこの墨田区の玉ノ井（現東向島）にある私娼窟を舞台にしたものであった。かつてこの地に広大な水戸藩下屋敷があったことから、当時の水戸徳川家の徳川昭武《あきたけ》（黄門・光圀から九代目にあたる）も登場し、三井財閥の当主が三囲《みめぐり》神社に向かっている。「三囲」が「みつい」とよめることもあって、江戸期より豪商三井家の守護神として深く崇敬された神社であった。登場人物については如何に眼を凝らそうとも、

向島艇庫復元模型

見ているだけではその存在はわからないが、ジオラマ下にあるコンピュータ画面で登場人物がわかるようになっており、さらにその人物がいろいろなことを語ってくれる。

第三のテーマ「近代すみだと隅田川」で興味ある展示は、ボート競技のレガッタである。現代ではレガッタはほとんどマイナーなスポーツだが、「明治・大正時代の学生たちの間で最も盛んに行われたスポーツ」こそ実はレガッタであった。幕末に日本に伝わったボートではあったが、スポーツとしてのレガッタは隅田川で発祥した。一八八三（明治一六）年に日本初のレガッタが向島で開催されたが、その後、学校や企業を問わず盛んになり、隅田川はレガッタのメッカとなった。学生スポーツといえば多くの人は早慶戦を想起するが、実際一九〇五（明治三八）年に第一回早慶レガッタが開始され今日にいたる（開催場所は一時期埼玉県の戸田に移されたが）。先に触れた「すみだ郷土かるた」の中に、「競争だ　早慶レガッタ　隅田川」というのがある。

しかし早慶レガッタにまさって人気があったのは、今となっては意外だが、実は「高商レガッタ」である。「高」とは当時の第一高等中学校（後の旧制第一高等学校、現東京大学）であり、「商」とは東京商業学校（現一橋大学）である。既に一八八七（明治二〇）年に第一回レガッタが開始され（なおこの時は二校に加え、現筑波大学の高等師範学校も参加したが後に脱落）、人気を博する。あまりに応援が過剰なためにしばらく中断したり、その後復活するもやはり応援過剰なために中止されるほどであったという。戦後、東京大学と東京商科大学との「東商レガッタ」として復活し、のち、東大・一橋レガッタに受け継がれる。筆者はかなり以前、NHKがこの東大・一橋レガッタを放映していたことを記憶しているが、当時はなぜ東大・一橋というスポーツ界ではマイナーな学校のレガッタを放映するのか疑問であったことをおぼえている。ミュージアムのこの展示を見て、レガッタがかつてメジャーなスポーツであり、早慶戦以上に高商戦が人気のあったことを知り、ようやくに納得した次第である。ミュージアムを見る面白さはこうした点にもあるといえよう。

また近代の墨田区は、水運の利便性によって近代産業の集積地となり、とりわけ紡績、ビール、石鹸、歯磨き、マッチ産業の発祥の地としての特色を持つが、これらの展示もある。

本所と向島を含むこの地には個性的なモノやコトやヒトがまだまだ多い。例えば前掲の「すみだ郷土かるた」にも歌われているように、赤穂浪士の討ち入りのクライマックス（「忠臣蔵　ぶたいはここだ吉良屋敷」）、怪盗ねずみ小僧次郎吉の墓のみならず、各地の「寺社の名宝展」ともいうべき出開帳の中心であった回向院（「ねずみ小僧　回向院で　ねむってる」）、粋人、佐原鞠塢《きくう》が創設し、大田南畝を初めとする江戸文人が多く集った百花園（「百花園　七草月見　虫の声」）など、それらにまつわる物語とともに尽きることはないほどである。

「あたらしくなつかしい」

またこの区は「本所七不思議」（実際は七つ以上ある）という面白い物語をもつ。都内には他にも千住（足立区）、深川（江東区）、麻布（港区）、番町（千代田区）などに「七不思議」があるが、本所がことに有名である。すでに江戸期に草双紙にも書かれただけでなく、大正期の岡本綺堂（『置いてけ堀』）、現代の宮部みゆき（『本所深川ふしぎ双紙』）や誉田龍一（『消えずの行灯――本所七不思議捕物帖』）などにも受け継がれ、まちづくりや商業活動にも生かされていると聞く。このミュージアムで販売している図録『墨田区の民間伝承・民間信仰』には、「梅若伝説」を初めとする数々の特異な伝説や「隅田川七福神」などの多くの民間信仰とともに、「本所七不思議」が詳しい。

特筆すべきは、区内各地に人形、江戸小紋、藍染、羽子板、合金鋳物、屏風、べっ甲、袋物博物館など二五もの「小さな博物館」が散在していることである。墨田区は二三区の中では特異な、まさに「博物館都市（ミュージアムシティ）」である。ただ残念なのは「小さな博物館」群とその中心であるすみだ郷土文化資料館との連携が見られない点である。博物館都市と言われるには中心施設との連携があることがポイントである。スカイツリーを中心に巡回するコミュニティバスはあるものの、この「小さな博物館」を案内し結びつけるコミュニティバスも欲しいところである。

二三区の中ではそれなりの規模のミュージアムとはいえ、豊富なコトとモノとヒトを持つ墨田区にとっては、このミュージアムはあまりに小さい。実際、このミュージアムは企画展示室を持っているにもかかわらず、しばしば常設展示室までも企画展示に代用することがままあるという。これではせっかくの常設展示が必ずしも見られない。ますますの拡充を望みたい。

最後に墨田区の個性を考察するために、再び葛飾北斎にもどろう。北斎は日蓮宗の熱心な信者であり、本所の柳嶋妙見（法性寺）を日頃より深く信仰していた。妙見菩薩とは北斗七星の化身といわれ、妙見信仰とは北辰信仰に他ならない。北斎辰政《ときまさ》という画号はこれにちなむ。北辰（北極星・北斗七星）は宇宙の中心とされる。であるならば葛飾北斎とは「葛飾こそが世界の中心」であるとの主張と解することができよう。ここで葛飾とは現在の葛飾区のみをいうのではなく、墨田・江東・江戸川区から千葉県の一部まで連なる隅田川以東の、当時の江戸から見れば「川向う」という一段下に見られた地域であった。これに対して北斎は、世の中心は千代田でも日本橋でもなく、自分の住むこの「川向う」の地域であると強烈に自負したに違いない。

一九四七（昭和二二）年に、それまであった北部の向島区と南部の本所区が合併して墨田区が誕生した。今日の墨田区は北斎のこの自負をある程度受け継いでいると思える。東京の中心部に文化的劣等感をもつことなく、二三区の中でも特に多く存在する古くからのモノやコトを誇りにして保存しようとする。同時に他方で、日本屈指のコンサートホール・すみだトリフォニーホールを持ち、すぐれた商品やサービスを認定・紹介するとともにデザイナーとのコラボレーションで新商品を開発するなど、「地域ブランド戦略」を展開している。新しい文化（「すみだモダン」）をつくり続けようとしているのである。「個性的な文化を保存し創造し続ける区（「あたらしくある　なつかしくある」）」、それが墨田区の最大の個性のように思える。

10 江東区深川江戸資料館

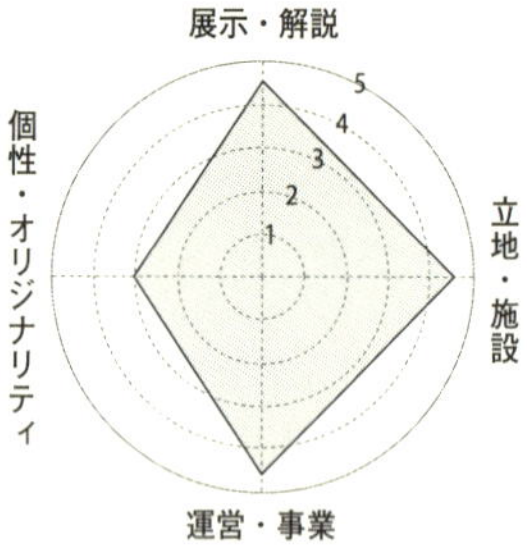

総合　★★★★

〒135-0021 江東区白河 1-3-28

03-3630-8625

［開館時間］
9：30 ～ 17：00（入館は 16：30 まで）
小劇場・レクホールは 9：00 ～ 22：00
［休館日］
第 2・4 月曜日（ただし祝日の場合は翌日）、年末年始、臨時休館

大人：400 円
小中学生：50 円

常設展示図録あり

後に「俳聖」と神格化された松尾芭蕉は、伊賀国上野に生まれ、武家奉公の後、三〇歳前後に江戸へ向かった。江戸前期の当時、文化的には江戸を凌駕する京（ないし大阪）ではなく、なぜ江戸に向かったかの詮索はここではおく。ともあれ彼は江戸で俳諧の宗匠（職業的俳諧師）として成功し日本橋に住んだ。しかし四〇歳を前にして、彼は突如として宗匠の職を捨て、江戸深川（現江東区）に隠棲した（もっともこの時は「芭蕉」ではなくまだ「桃青《とうせい》」と号していたが）。その間の事情は興味深いものだが、それもここでは触れない。ともあれ五一歳で亡くなる最後の四〇代を、彼はこの深川の地と旅の中で過ごした。『野ざらし紀行』の旅も『笈の小文』と『更科紀行』の旅も、そして『おくのほそ道』の長い

旅も深川を出て最後は深川に帰った。この四〇代の一〇年間に、彼は深川を拠点にして主要な仕事のほとんどすべてをなしたのである。日本文化史上最大のクリエーターを生み出したのは、京ではなく江戸の、江戸の日本橋ではなく深川（そして旅の中）であったといえよう。

以下、加藤周一『日本文学史序説（上）』による。芭蕉はそれまで風靡していた「言葉の遊戯」である「談林派」の俳諧（当初芭蕉自身がそうした俳諧師であった）に対して、俳諧を叙情詩の手段に高めた。のみならず連歌形式の俳諧の最初の句（「発句」）それ自体を、独立の叙情詩にまで洗練したのである（後に「俳句」とよばれる）。わずか一七文字のなかにすべての詩情を込めるという世界で最も短い詩を大成する。一七文字だけでは事態を説明することはできない。そのため芭蕉は、その感受性を極度に研ぎ澄まし、「今・ここ」という一点の瞬間に注意を集中し、その微妙な細部に執着し、それを見事に洗練した短い詩で表現した。それはつまるところ日本の文化そのものであった。なぜなら日本の思惟の特性とは、加藤周一によれば、長い時間と広い空間という視野の中で普遍的に思考するのではなく、自分自身の具体的な現在（今）と現状（ここ）にひたすら執着する思考であり、まさに「今・ここ」の文化だからである。日本の高度な文化とはその微妙な細部を極度に洗練するものであった。その意味で、芭蕉は日本の「世界観の要点を、要約し、徹底させた」のであり、芭蕉の芸術は、日本の「世界観の要約」であった。敢えて言えば芭蕉とは日本文化そのものの神髄だったであろう。もちろん江東区はかつての芭蕉庵のほど近くに芭蕉記念館を有している。

しかし今回訪ねるのは、芭蕉記念館ではなく、江東区深川江戸資料館である。地下鉄半蔵門線、大江戸線の清澄白河駅にほど近い。駅に続く地下道内にも、このミュージアムを案内する大きな看板が掲げられている。江戸ブームが続いている昨今、江戸の一景観を忠実に再現し江戸情緒を濃厚に伝えるこのミュージアムは、区立ミュージアムの中では最も人気をもつものであろう。他館に比べ来館者も相当に多い。特徴的なのは小劇場を持ち、演劇や映画、落語など様々なイベントを開催している。またミュージアムショップの品揃えも比較的豊富である。残念ながらレストランはない。さらに特徴的なのは、ボランティアガイド（日本語・英語）が常駐し、見学者の必要に応じて解説を行っていることである。

常設展示室に行く前の廊下には導入展示があり、深川ゆかりの人物（深川生まれでは必ずしもない）を垂れ幕で紹介している。当時の江戸で圧倒的な人気を誇った深川生まれの戯作者・山東京伝、その弟子にあたり同じく深川で生まれた読本作家・滝沢馬琴、隠居後深川に居を構え全国を測量して日本初の実測地図を作った伊能忠敬、その墓が資料館隣りの霊巌寺にある寛政の改革の老中・松平定信、深川の松代藩（真田家）下屋敷に砲術塾を開き幕末に多くの人材を育てた佐久間象山、深川に北辰一刀流道場を開き、後に新撰組に参加し粛清された伊東甲子太郎、歌舞伎十八番を制定した七代目市川団十郎、『東海道四谷怪談』など独創性に富んだ歌舞伎作者・四世鶴屋南北が掲示されている。それぞれに奥深い人物を選定しているといえよう。本来ならば芭蕉も掲げられるべきであろうが、それは芭蕉記念館にお任せといったところか。俳諧といえば小林一茶も一時期この江東区内に住んだらしい。

充実の常設展示

このミュージアムの圧巻は常設展示にある。そこには天保年間（一八四〇年頃）の深川佐賀町の町並みの一角が、その生活とともに、細部にいたるまで可能な限り忠実に復元されているのである。江戸期には隅田川に架かる最南端の橋が永代橋であり、その永代橋に接する東側の一帯が佐賀町である。また深川は隅田川のみならず江戸湾にも接し全国から物産が集まったが、この周辺には問屋の蔵が立ち並び、荷船や荷車が交錯する「蔵の町深川」の典型であった。天保末期とは「まだ幕末維新の動乱には時間があり、さまざまな規制や締めつけにあいながらも、江戸が江戸らしくあった、最後の時代」であり、その江戸の深川という典型的な下町の景観と生活が再現されているといえよう。しかも音や照明で一日を再現してくれる工夫まである。

以下、常設展示図録によりながら、展示を見ていこう。江戸の町は、大通りに面して店舗が並ぶ表店《おもてだな》と、庶民が日常生活を送る裏長屋を典型とする裏店《うらだな》にわけることができよう。表店ゾーンに再現されているのは、大店の問屋と八百屋と舂米《つきごめ》屋という小売店である。大店は多田屋という実在した「干鰯《ほしか》魚〆粕《しめかす》魚油《ぎょゆ》問屋」である。深川の大店といえば、木場の材木問屋、米問屋、干鰯・魚〆粕・魚油の問屋が有名であった。干鰯は鰯の干したもの、〆粕はさらに絞って粕（滓）にしたものであり、いずれも肥料として使用された。当時は人の糞尿が一般的な肥料であったが、干鰯〆粕は販売された肥料（金肥）として、木綿・菜種・藍などの栽培に使用された。鰯の油は主に行灯《あんどん》に使用された。

八百屋の店先（夏野菜）

八百屋（「八百新」）の店先には多くの野菜の模型が並べられている。江戸期の江東区には砂村葱、砂村丸ナス、砂村スイカ、亀戸大根（西の練馬大根に対する東のブランド大根）など、名物野菜を産したが、市中の八百屋は季節の野菜のみならず漬物、コンニャク、唐辛子、黄粉などの加工品も販売し、今日の食品スーパーであった。ただ、味噌、しょうゆ、豆腐、納豆などは専門店か棒手振による振り売りであり、店先ではなかった。このミュージアムはリアルさを追求するあまり、季節ごとに八百屋の野菜の展示替えをもしているという。

春米屋（「上総屋」）とは今日の米屋である。米問屋から米を仕入れたが、その際は玄米であり、これを唐臼で精米して庶民に売ったのが春米屋である。当時の深川は全国から来る米の集散地であり、米問屋の集積度は江戸随一であったという。一九四一（昭和一六）年の米統制にいたるまで、大阪の堂島とならんで深川佐賀町は米穀取引の中心であった。

裏店ゾーンには五世帯の入る二軒の長屋が再現されている。江戸では約七割の人が長屋住まいであったといわれている。再現されているのはアサリ・シジミを商う独身の棒手振、春米屋の職人家族、独身船頭、独り暮らしの手習いと三味線の師匠、木場の木挽職人の夫婦である。かつて深川ではアサリがよく食べられた。また深川は馬鹿貝（アオヤギ）の産地として有名であった。アサリやアオヤギの味噌汁をご飯にぶっかけて食べる「深川飯」が、今や形を変えて東京の名物フードとなっている。

長屋の住民の共同スペースとして、井戸、便所、ごみ溜め、小さな稲荷の祠も再現されている。隅田川から西の江戸市街の井戸は、一般に掘りぬき井戸ではなく、神田上水などから暗渠で供給される水道井戸であった。暗渠からのくみ出し口が井戸の形をしているだけである。「江戸っ子」の条件の一つである「水道の水で産湯をつかう」と言われる「水道」とはこうした上水井戸であった。しかし隅田川以東には上水井戸が通じていなかったと思われ、ここに再現された深川の井戸は掘り抜き井戸であったと考えられている。

常設展示にはもう一つのゾーンがある。深川は縦横に運河（掘割）が発達していた。佐賀町は隅田川に面しているのみならず、いくつかの掘割にも接していた。ここで再現されているのは、油堀といわれた運河に面した一角である。そこには二軒の船宿があり、その前に小舟が一艘置かれている。船宿はいくつかの機能を持つ。諸国から江戸に入港する廻船の乗組員の宿として利用されたが、船頭を抱えて人や荷物を市中各所に搬送するためにも利用された。また飲食・宴会の場として、さらには男女の密会の場としても利用されたという。時代小説でよく出てくるのは、江戸中心部から吉原近くの山谷堀まで遊客を乗せていくタクシーとしての小舟である。そのために利用されたのが前に繋いである高速の猪牙舟《ちょきぶね》である。その名の由来はいくつかある。長吉という人が考案した長吉船がなまったとするもの、船足が速いありさまを「ちょき」といったからとするもの、猪の牙に形が似ているからとするものなどがある。もちろん他にも屋根のついた屋形船やさらに大規模な屋形船、主として荷を運ぶ高瀬舟などもあったが、この猪牙舟が

船宿と猪牙舟

足半

いなりずしの屋台

「江戸の足」としてよく使われた。

また火事の多い江戸の町で火事を早期発見するための火の見櫓、よしず張りの水茶屋（お茶の葉を売る「葉茶屋」に対して液体の茶を売る喫茶店）、二八そばの屋台やいなりずしを売る屋台もある。いなりずしは今日と異なりわさび醤油をつけて食べたという。天ぷらの床店もある。床店とは屋台のように移動するのではなく、居住スペースがないがちゃんとした店舗であった。当時の天ぷらは下味をつけ串に刺した魚介を揚げたものである。

さらに各家々には様々な生活用品などが置かれている。その中で面白いものをいくつか取り上げよう。まず船宿の長火鉢の上に置かれている「紙焙烙《かみほうろく》」である。曲げ物の底に紙をかけたもので、遠火で茶を焙るための道具である。今日で言えば紙のフライパンであろう。船頭や木挽き職人の家にさりげなく置かれている草履がある。かかとの部分がない半分の草履であり「足半《あしなか》」といわれる。江戸にもダイエットサンダルがあったのかと思う人もいるらしいが、これは鼻緒がきれにくく、足に密着するため軽快に動くことができ、水辺でも滑りにくいなどの利点から水辺の職業である船頭や木挽き職人などに使われたという。

また家々には神棚や仏壇がなくても、必ず荒神様が置かれている。この竈の神・防火の神に、火事の多い江戸庶民の信仰が現れている。信仰といえば目立たないけれども各種のお札《ふだ》が貼られている。「湯尾峠孫嫡子社」と書かれたお札があるが、これは越前国（福井県）今庄町の湯尾神社の疱瘡《ほうそう》除けのお札であり、霊岸島に福井藩下屋敷があったことから広まったものである。「鎮西八郎為朝公御宿」というお札は、源為朝が豪勇無双であり、疫病神が近づかないという言い伝えから厄除けのお札とされた。またオオカミの絵柄のお札もあるが、秩父の釜伏神社の災難除けのお札であり、オオカミ（山犬）の強さは神の力に結びついていると信じられていた。

最後に、このミュージアムが再現している建築物は、残されていた江戸時代の長屋の図面をもとに、可能な限り当時の材料で、当時の工法で手間をかけて、小型の模型ではなく実物大で忠実に作っていること、さらには実際に建物の中に入ったり展示品を触れたりして体験・体感できることを特筆しておきたい。

深川の「雑居性」は日本そのもの

江戸中心部から見れば、本所・深川は「川向こう」と呼ばれる異質な地域であり、次々に密集市街地が拡大していく都市と農村の境界でもあった。さらに言えば本所は住宅地として開発されたのに対して、深川は蔵屋敷など港・倉庫地（「蔵の町」）として開発されたのであり、江戸湾を介した全国諸国との通商上の境界でもあった。深川とはこうした境界性や異空間性を最も濃厚に持つ、江戸でも独特の地であったといえよう。そうであるが故に人口が密集するにつれ、深川には海や川や陸から様々な人と文化が入り込み、出会った。まさに「吹き溜まり」の「雑居地」である当地域に入り込んだ文化はそこで渦を巻き、新しい江戸の庶民文化を生み出し醸成した。もっとも江戸全体そのものが「吹き溜まり」であり「雑居地」であったが、深川はとりわけその性格が顕著であったといえよう。

卑近な例で言えば日本の食文化である。今日の代表的な日本食といわれる握り鮨、鰻の蒲焼、天ぷら、蕎麦きりはまさに「江戸前四天王」フードである。握り鮨は文化年間（一八〇四〜一八年）の初めごろ、深川六軒堀の「松鮨」で始まったといわれる（両国「与兵衛鮨」という説もある）。上方から伝えられたそれまでの押鮨をまたたく間に凌駕したという。鰻は古くから食べられていたが、文政年間（一八一八〜三〇年）に、蒸してタレを付けて焼く江戸風の蒲焼という調理法によって初めて美味い料理となったといわれる。「深川鰻」といわれるほどに深川が特産地であった。またそれまで魚のすり身の「つけあげ」や野菜を揚げた「揚げもの」「胡麻揚げ」というものがあったが、魚介類を揚げたものを江戸では「天麩羅」（山東京伝が名付けたとも言われる）という名が用いられ、各地に広まった。蕎麦はもともと蕎麦粥、蕎麦がき、あるいは団子にして食べられていたが、江戸で細く切った今日のめん類（蕎麦きり）が普及した。深川でも早いうちから「洲崎の蕎麦きり」などが有名であった。これらは深川が発祥ではないものもあろうが、深川がその食文化の醸成に果たした役割は大きかったであろう。

以下、多少、蕎麦切り（略して蕎麦）にこだわりたい。寿司、天ぷら、うどん、スキヤキ、ラーメンなど、今や世界的に日本食ブームと言われる。しかしなぜか日本風の蕎麦だけは世界に受け入れられているようには見えない。もともと蕎麦は、米やムギができない地域の、あるいは自然災害等でできなかった場合の救荒食であった。誰もはじめから好んで食べたものではない。蕎麦を美味いと思い込ませたのは、実は江戸の文化であったろう。香りや歯触り、のど越しの微妙な違い、味や出汁、食べ方の微細な違いなど、そうした細部に執着し、それをことさら強調し、洗練して蕎麦の文化を作り上げた。

「細部への執着と洗練」とはまさに日本の文化の特性であった。そして他の日本の食は「文明」として世界に受け入れられたが、蕎麦だけは日本のローカルな「文化」として、世界では受け入れられてはいない。その意味で蕎麦こそ、日本の食文化を最も代表するフードではなかろうか。

ともあれ深川は日本列島そのものに似ている。日本の特性はその「雑居性」にある。太古の昔からユーラシア大陸の東の果てにある日本列島に、北から南から西から様々な人と文化が入り込んだ。もちろん列島の東には大海があり、伝来した人と文化はこれ以上外には出ない。人と文化は列島の内部に「吹き溜まり」、雑居して渦をまいた。その渦の中から日本の独特の文化が生み出され醸成されたのである。同様に深川も様々な人と文化が入り込み「吹き溜まり」、雑居して江戸の庶民文化を醸成した。その意味で江東区の個性とは、まさに「日本文化を象徴する区」であるといえよう。江東区に住んだ芭蕉が「日本文化の神髄」であったように。

深川の芭蕉記念館を見た後、深川の蕎麦屋で俳句をひねりながら、蕎麦を肴に日本酒を飲むのが、日本文化を最も堪能する方法かもしれない。歌舞伎を見て吉原で遊ぶ方が面白い（役者や娼婦は世界中にいる）ことは言うまでもないが。

11 荒川区立荒川ふるさと文化館

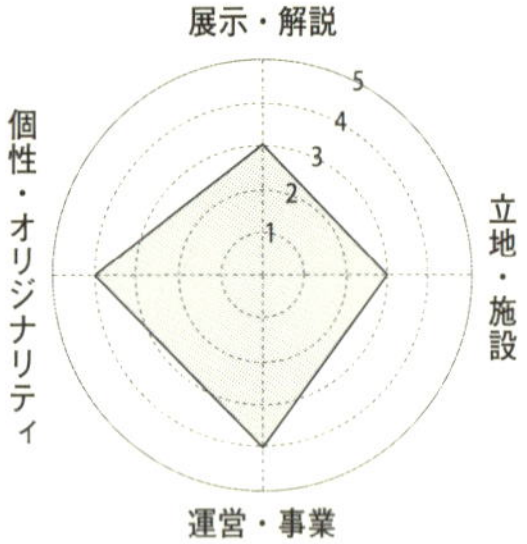

総合　★★★

〒116-0003 荒川区南千住 6-63-1

03-3807-9234

［開館時間］
9：30 ～ 17：00（展示室への入館は16：30 まで）
［休館日］
月曜日（月曜日が祝日の場合は開館、翌日休館）、12 月 29 日～ 1 月 4 日

100 円（但し、荒川区民で中学生以下・65 歳以上・障害者及びその介助者は無料）

常設展示図録あり

荒川区は現在、特筆すべきユニークな施策を展開している。二〇〇五（平成一七）年に、同区は、ブータンが提唱している「GNH（Gross National Happiness：国民総幸福度）」を参考にして、「GAH（Gross Arakawa Happiness：荒川区民総幸福度）」を区政の尺度として取り入れる検討を開始したのである。物質的豊かさや経済効率だけを重視した従来のGDP（国内総生産）は、今日、あまりにも一面的であるが故に、もはや政府が目指すべき目標となりえないことが認識されてきた。その意味で荒川区が、「区政は区民を幸せにするシステムである」という事業領域を掲げ、「区民一人ひとりが幸福を実感できる地域社会」を区政目標としたことは、全国に誇るべき自治体施策である。

もちろんそれは簡単なものではなく、今日なお幾多のハードルがある。「幸福」というものが本来は人によって異なる主観的なものであって、それを一義的に定義することは困難であり、いわんやそれを指標化することはさらに困難である。そのため区は、庁内プロジェクトチームの設置、ブータン視察、幾つもの世論調査、荒川区自治総合研究所の設立などを経て、試行錯誤を恐れず、積極的に取り組みを行っている。その一端は、荒川区自治総合研究所の『あたたかい地域社会を築くための指標』に詳しい。

その荒川区を知るために、荒川区立荒川ふるさと文化館に向かう。それは、JR南千住駅ないし地下鉄日比谷線南千住駅の両駅よりほぼ徒歩一〇分程度である。それほど人々が集まる好立地の場所とはいえない。ただ南千住図書館と併設され、四階建ての一階部分がふるさと文化館となっている。レストランもミュージアムショップもないが、郷土学習室が展示室前に位置し、荒川区に関する歴史民俗考古文献が置かれている。併設する図書館と合わせ郷土資料に関する学習や調査研究はここで十分可能であろう。展示はそれほど広いスペースではないわりに、荒川区の歴史をよく整理してテーマごとに時代順に展示している点で、それなりに充実している。しかも『常設展示図録』はさらに充実している（八〇〇円）。時代順の展示とはいえ、いくつかの展示は、荒川区の個性をよく表したものとなっている。以下、常設展示図録を参照しながら、荒川区の個性を表しているような展示を見ていこう。

江戸の境界としての千住

古代律令制下では、現荒川区は武蔵国豊島郡に属した。古代の武蔵国府（現東京都府中市）から乗豬《のりぬま》駅（練馬区）、豊島駅（北区）をへて、下総国府（現千葉県市川市）に向かう官道は、その手前で国境である隅田川にぶつかり、川を渡ることになる。その一帯はかつて「石浜」といわれ、古代・中世を通じて水陸交通の要地であり、軍事上も重視された地であった。だたこの「石浜」の地が現在のどこにあたるのかは明確ではないが、現在の荒川区から台東区橋場にかけての地であったと推定されている（なお現在の石浜神社は荒川区にある）。ここを様々な人々が渡っていったが、公家・武士・僧侶などに、その記録が残されている。展示室導入部に国宝「一遍上人絵伝」（写真）の石浜におけるくだりが掲げられ、また墨田区の章でも触れたが、都鳥の歌を読む在原業平（であろうか）の「伊勢物語絵巻」（写真）も掲げられている。

中世には、「武蔵型板碑文化圏と荒川」という展示がある。武蔵野国に多いとされる板碑そのものは荒川区独特のものではなく、他の二三区のミュージアムにも多く展示されているが、この館の板碑展示は他館に比べ、より詳細でよく整理された展示となっている。

近世において特に目につく展示は千住大橋である。千住大橋とその周辺のジオラマ模型が展示されている。橋のたもとの熊野神社（千住大橋の守護神）、御上がり場（将軍の舟の着くところ）、火除け地、開帳建札（開帳とは現代でいう寺社名品展で、娯楽を求める庶民にとって、いつ、どこで、どの寺社が、何の開帳を行うかはニーズの高い情報であったが、それを知らせる建札）、荷揚場や数多い材木問屋、様々な商店、行き交う筏や高瀬舟などが精巧に作られている。本館のメイン展示の一つであろう。この橋は、徳川家康が一五九四（文禄三）年に江戸で初めて架けさせた橋であり、江戸のシンボルである日本橋より一〇年近く古く、同じ川に架かる両国橋は六〇年以上も経た後に架けられた。それまでは単に「大橋」といえば千住大橋であった。この橋は北からの江戸への入り口であり、江戸から北への出口である境界として、荒川区の大きな個性となるべきものである。今日ただ通りすぎるだけのこの橋は、江戸期の人々にはまさに江戸の出入り口としての境界と意識されていたという大きな意味を持っていた。

この館は『千住で一番　江戸で一番　千住大橋』というすぐれた図録を持つ。浮世絵、写真、文書などで、この橋に関するあらゆるモノ・コト・ヒトが詳細に記されて興味深い。中でもかつて存在した「幻の祭　千住大橋綱引き」（この綱引き神事は江戸中期頃には途絶えた）、大橋のたもとにあった「開帳建札」、「千住の七不思議」にもある「橋杭伝承」などが面白い。一九七五（昭和五〇）年に発売された石橋正次の歌う「千住大橋」というレコードのジャケットまでも掲載されているのであり、学芸員諸氏が広く資料を収集した努力が伺える。この図録は大部ではあるが三〇〇円と安くお薦めである。

この橋の両側が、品川・新宿・板橋とならぶ江戸四宿《ししゅく》のひとつ千住宿であり、日光道中の第一宿である。とはいえもともと「センジュ」とは現足立区千住の中のごく狭い範囲の地名に過ぎなかったが、大橋の架橋と宿場の成立拡大によって、対岸の現荒川区まで広がったものであった。したがって千住宿は、その中心は現在の足立区にあった本宿《もとじゅく》と上宿《かみじゅく》であり、宿場の拡大とともに、後に現荒川区の小塚原町、中村町が千住の下宿《しもじゅく》となった。四宿の品川区や新宿区のミュージアムには立派な宿場のジオラマ模型が展示されているのに対して、残念なことに、荒川区、足立区のミュージアムには千住宿の模型がない。

ところで千住は、かの松尾芭蕉が舟で深川から来て上陸し、ここから『奥の細道』に旅立った記念すべき場所でもある。この館の入り口には芭蕉と曽良の銅像が飾られている。しかし芭蕉が上陸したのは、荒川区側の岸であったのか足立区側であったのかがわからず、両区で論争がある。それを証明する史料は未だ発見されていないが、本館の野尻かおる館長は、千住大橋が江戸の出入り口と認識されていた以上、

芭蕉と曽良の銅像

その橋を渡ることが江戸を出発することであり、当然に芭蕉は現荒川区側から橋を渡って奥州に旅立ったであろうと推論する。また『曽良日記』によれば芭蕉は千住宿に六日間も留まっているが、千住宿のどこに宿泊し何をしていたのかを示す史料もない。この点でも野尻館長は、『奥の細道』の旅で芭蕉が最も長く滞在したのは下野国（現栃木県）の黒羽《くろばね》であり、実は千住近くに下野黒羽藩（大関信濃守）の下屋敷・抱屋敷があったのであり、旅の打合せなどのために、芭蕉はそこに滞在していたのだろうと大胆に推測されている。

先にも触れたが、千住はまさに江戸の境界（ハシ）であり、川と橋という境界にまつわる「千住の七不思議」などの伝説が残っている。「本所の七不思議」にくらべ、千住の七不思議はあまり知られていない。こうした物語も何らかの形で博物館活動やまちづくりに活かせれば面白い。例えば七不思議を博物館で演じることができれば、多くの区民は関心をもつだろう。

近年の博物館活動は拡充の一途にある。博物館の展示にしても、従来からの「静止展示」だけでなく、展示物に動きが伴う「動態展示」、また展示品に直接触れたり操作できる「ハンズオン展示（体験型展示）」が盛んになってきた。加えて近年主張されているのが、実験や実演などの「演示」である。なかでも幅広い世代に展示を解説する有力な手段になるものが、博物館内で行われる演劇（ミュージアム・シアター）である。それは何も本格的な演劇でなくとも、ボランティアによる簡単な人形劇（着ぐるみ人形、指人形、あやつり人形、身の回りのものに目や手足をつけた「なんでも人形」）でよく（小笠原喜康／チルドレンズ・ミュージアム研究会編『博物館の学びをつくりだす』）、その際、例えば博物館の友の会や併設図書館の読書サークルなどが協力できれば、そのことが図書館とのソフト面での連携となるだろう。「千住の七不思議」などの伝説はこうした人形劇で「演示」することのできる格好の材料である。

両極の個性――刑場と癒しの空間

荒川区の歴史的個性に戻ろう。その個性を表す展示に、常設の処刑場としての小塚原の「御仕置場《おしおきば》」がある。小塚原は江戸の訛りで「こつかっぱら」と呼ぶ。処刑場は、品川の鈴ケ森とともに、この地の小塚原に置かれ「両御仕置場」と呼ばれた。ともに江戸の境界付近である。小塚原の刑場で処刑されたものは二〇万人あまりといわれる。罪人の遺骸の一部は腑分（解剖）のために医者に供され、近代医学の扉を開いた『解体新書』翻訳に大いに役立ったという。

また「五三昧《ござんまい》」と呼ばれた五カ所の「火葬寺」が、江戸周辺部（境界部）の小塚原、千駄ヶ谷、桐谷、渋谷、炮録新田《ほうろくしんでん》の五ヶ所に置かれたが、「御仕置場」と「火葬寺」がともに置かれたのは小塚原だけである。なお小塚原の火葬寺は一九か寺あったという。事の性質上、小塚原の仕置場に関する研究はほとんどないと思われる中、本館は『杉田玄白と小塚原の仕置場』（現在完売）および『橋本佐内と小塚原の仕置場』という二つの図録を持っている。この仕置場が果たしていた機能や役割などを調査研究したものであり、希少価値のある研究図録と言えよう。

この種の話題が続くが、新吉原の遊女の投込寺で有名な浄閑寺《じょうかんじ》の展示がある。幕府公認の唯一の遊廓である新吉原自体は現在の台東区にあるが、新吉原前の日本堤を北西に進んだ突き当たり付近に浄閑寺がある。安政の大地震の際、遊女らを一穴に投げ込むように葬ったことから「投込寺」と呼ばれた。

生まれては苦界　死しては浄閑寺

といわれる句壁があり、無縁となった遊女やその子、下働きの人々の亡骸は、ここに葬られ供養されたのである。展示してある浄閑寺の過去帳が痛々しい。

次いで「あらかわの名所」として、「ひぐらしの里」と「真先稲荷」の展示がある。荒川区内には日暮里《につぽり》があるが、ニッポリというのは、東京に住む人にとっては日常的な名前であるが、初めてその名に接する人にとっては、奇異にひびく名前である。もともとこの地は新堀村であったが、これも江戸の訛りでニイボリがニッポリになったのであろう。『常設展示図録』によれば、「新堀に日暮里《につぽり》の文字をあて、いつとはなしに『ひぐらしの里』と呼ばれるようになった」といわれる。「ひぐらしの里」とはなんとのどかで風情のある名前であろう。実際、この地には雪見寺（浄光寺）、月見寺（本行寺）、花見寺（青雲寺、修性寺、妙隆寺）と称される寺々が立ち並び、その北に続く道灌山では「虫聴き」や薬草摘みを楽しむ人々が参集したという。また日暮里から根岸に続く地域には、文人墨客が好んで住み、旗本や豪商の別荘が多数存在していた。まさに江戸郊外の癒しの空間であったといえよう。現代では花見はあるが、江戸期に庶民の間で盛んに行われた雪見、月見、虫聴きといった趣味はほとんど消えてしまった。庶民までもがこうしたことを行う「行動文化」は、おそらく日本独特のものであったろうに。

余談ながら、月見に触れたい。電灯が広く設置されている現代とは異なり、かつては闇夜を照らす月（特に満月）は、それをみる人に幻想的・神秘的な情感を与えたであろう。先に触れた芭蕉はとりわけ月見を好んだ。千句に近い彼の全発句の中で、月をテーマとしたものは驚くほど多い。中に次の一句がある（山本健吉『芭蕉全発句』）。

名月の　見所《みどころ》問わん　旅寝せむ

まさに芭蕉は、月の名所を訪ねながら、旅を重ねたのである。おそらく芭蕉の旅の目的の一つは、月の名所での月見であったといっても過言ではないだろう。

話を戻そう。真先稲荷社は先に触れた石浜神社の中にある。この地はその対岸の向島水神の森などを一望する隅田河畔一番の景勝地で、幾多の浮世絵にも描かれ、また新吉原にも近く、門前には料理屋なども並び賑わった。なかでもこの地の豆腐田楽は江戸の豆腐料理として有名であった。新吉原の客が遊女を連れ山谷堀から舟でこの地に至って、田楽を食べるのが粋とされていた。この地もまさに癒しの空間であった。

人の苦しみと、その鎮魂と癒しの区

近代にいたって現荒川区は、荒川の水運、広大な敷地の確保、東京中心部への近さなどの利便性から、繊維・製紙・機械などの大規模工場が次々と進出してきた。中でも荒川区を特徴づけるのは、一八七九（明治一二）年に創立された官営の千住製絨所《せいじゅうしょ》、通称「ラシャ場」である。「絨」という聞き慣れない名はラシャ（羅紗）、すなわち羊毛で織る地の厚く密な毛織物のことである。ここでは特に軍服用の羅紗が作られた。明治政府の殖産興業政策の一環であり、輸入に頼っていた軍服用絨を国産化し、貨幣の海外流出を防ぐ目的があった。その生産高や職工人員は年とともに増大した。明治になってからも近郊農

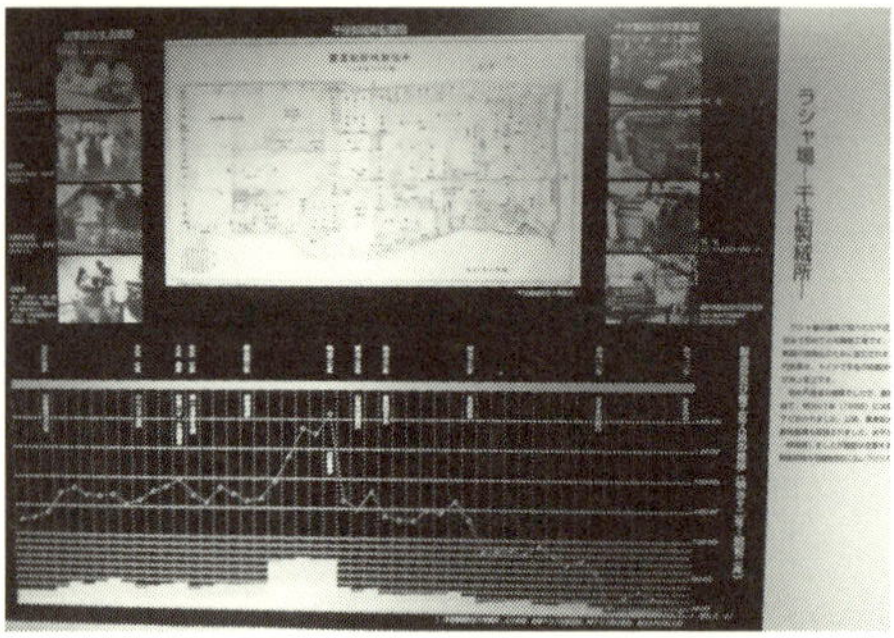

ラシャ場の展示

村としての性格を持ち、有名な谷中生姜、汐入大根、今や幻となった三河島菜など様々な作物が作られていた現荒川区は、とりわけこの製絨所の影響によって、急速に都市化し、人口は増大するとともに、人々の生活や街並みは一変していくのである。

なお最後に付言すべきは、この現荒川区三河島に、「旧三河島汚水処分場喞筒場施設」が建設されたことである。これは、一九二二（大正一一）年に稼動を開始した日本初の下水処理施設で、荒川区唯一の有形の国重要文化財ともなっている。常設展示にはないが、図録『三河島と日本初下水処理施設』があり、今日ややもすれば迷惑施設と嫌われる下水処理施設の歴史意義や役割を説く、日本でも珍しい貴重な図録である。この図録が下水処理施設を意義のある文化財として世に広く知らしめたと言えよう。その意味でこの博物館は地域の文化財保護の拠点としての機能を有しているのである。

結論に入ろう。異界に通じる境界としての千住大橋、生と死の境界である処刑場、無縁の遊女、投込寺、ひぐらしの里や真先稲荷など荒川区の特徴を並べてきたが、そこから導き出されるのは、この地が、「人の苦しみと、その鎮魂と癒しの地」であったということである。そのことが今日の「ＧＡＨ（荒川区民総幸福度）」施策にも、ストレートにつながっているとも言えよう。まさに荒川区の歴史的個性とは「人の苦しみと、その鎮魂と癒しの区」とする一つの解釈も成り立ちえよう。しかも実は区名の荒川という名前そのものが、その苦しみを表し、鎮魂と癒しを必要としているのである。

現在、荒川という名の川は、千住大橋が架かる隅田川の北方に位置するが、現在の荒川はもともとは荒川放水路（昭和四〇年に荒川放水路を荒川と改称）であって人工の川であり、かつては存在しなかった。現在の隅田川がかつては荒川（その下流が江戸市民から墨田川とか大川と呼ばれた）であった。

この川はその名が示す通り、「荒ぶる川」、荒れる川であり、周辺に幾多の水害をもたらし、人々に苦しみをもたらす川だった。記録された災害だけでも、江戸開府から明治末年まで、平均三年に一度という極めて高い頻度で見舞われたといわれる。一九一〇（明治四三）年の大洪水を期に、その荒れる川を鎮めるために放水バイパスを開削する計画が立てられ、二〇年近くを費やし昭和五年にようやく完成したのである。かつての「あらぶる川」は東京という都市の発展に大いに寄与してくれる「ありがたい川」となった。昭和七年の荒川区誕生の際、「ありがたい川」の名前が区名として選ばれたのである（野尻館長のご教示による）。

「苦」と「鎮」と「癒」――荒川区はその区名とともに、元来そんな地であったのではないだろうか。

12 足立区立郷土博物館

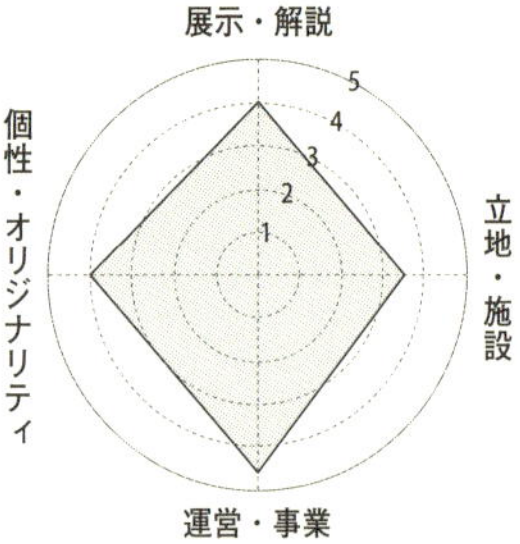

総合 ★★★★

〒120-0001 足立区大谷田 5-20-1

03-3620-9393

［開館時間］
9：00 ～ 17：00（入館は 16：30 まで）
［休館日］
月曜日（月曜日が祝日の場合は開館、翌日休館）、年末年始、その他館内消毒日（不定期）

200 円（高校生以上）
団体（20 名以上）は半額、70 歳以上は無料
障害者手帳保持者およびその介護者 1 名は無料
5 月 5 日・18 日（イコム国際博物館の日）、10 月 1 日・11 月 3 日は無料公開日
第 2・第 3 土曜日は無料公開日

常設展示図録あり

二〇〇八（平成二〇）年、「日暮里・舎人ライナー」が開通した。この報に接した時、筆者がふと気になったのは「舎人」という古めかしい言葉である。舎人《とねり》とはいうまでもなく、古代において皇族や貴族に仕え、警備や雑用に従事した人ないし役職である。高位中心を下位周辺から支えた。舎人は中央貴族の子弟のみならず、全国各地の豪族から供給された。もちろん東国からも舎人になったものは多かったろう。この舎人が地名となっているのが、足立区の最北部である。

そんなことを思いながら足立区立郷土博物館に向かった。そこに行く手段は残念ながら日暮里・舎人ライナーではなく地下鉄千代田線である。千代田線が乗り入れる常磐線の亀有駅に下車するが、そこからもかなり遠く、東武バスでさらに約一五分を要する。しかもそのバスは一時間に二～三本の不便な路線である。このミュージアムは足立区の東の端にあり、立地は極めて良くない。こんなところに作るのは区のミュージアム立地政策の無理解であろう。しかも入館料は二〇〇円と他の区のミュージアムに比べやや割高である。ただこのミュージアムは二〇〇九（平成二一）年にリニューアルしたばかりで、以下に示す多くの機能に満ちたモダンな建物、板碑・庚申塔・力石・道標など石造物の野外展示、回遊式庭園を有する立派なミュージアムである。

常設・企画の展示室や廊下に沿った展示ギャラリーに加え、一階には子どもコーナー、区内の様々な資料を検索できるパソコンコーナー、伝統技術や年中行事の映像を見ることができるビデオコーナーもある。授乳室まであるのは区立ミュージアムでは稀である。

このミュージアムが最も特徴とするのは子どもコーナーであろう。様々なミニ収蔵品を展示する「にぎやかラック」、引出し式のミニ展示である「はっけん引き出し」、使用できる道具や玩具の入った「たいけんボックス」が置かれ、自由に触れることができる体験コーナーとなっている。「会話の弾む楽しく学べる博物館」を目指しているという。「はっけん引き出し」は子どもたちが引き出しをあけて資料を見る時の発見と感動を重視した近年のミュージアム手法だが、常設展示室にもこの「はっけんひきだし」が多数あり、わざわざそれを一つひとつ開けなければ資料を見られない。しかも目立たない所にあり、一般の人々がそれを開けることはほとんどないであろう。二階には図書室、講堂、グループ学習室が完備され、市民の学習活動に活かすことができる。また映画も上映している。ミュージアムショップは受付に刊行物だけが置かれているだけであり、レストランはない。

江戸東京を支えた「東郊」

展示全体のメインテーマは「江戸東京の東郊」としている。東郊とは江戸・東京に対して東部郊外であり、足立区、葛飾区、江戸川区とその周辺を指す。従って展示の内容は他の二区を含めた東郊全体に及び、足立区固有の特徴を浮き上がらせるものは少ない。東郊の特徴とは、あたかも古代の舎人が皇族・貴族という中心を下から支えたように、江戸東京という中心を周辺から支えた点にある。従って展示は、江戸東京という中心を支えた農業がメインであり、次いで近代以後の東京という中心を支えた工業とそれをとりまく人々の生活にほぼ限られている。本来ならば足立区の特徴的な古代や中世の展示があってもよいが、それがない。

もっとも現在の足立区は、古代においても武蔵国足立郡の端（周辺）に位置した。細長い古代足立郡の中心は現在の埼玉県の大宮付近であり、現在の足立区はその最南端の一部にすぎない。足立という名の由来は諸説あるとはいえ、一帯が河川や湖沼の低湿地であったことから「葦《あし》立つ地」といわれ、それが「あだち」になったという説が納得いく。特に古代足立郡の南端の現在の足立区域は、一帯が低湿地であったろう。

まず農業とそれに関連する展示が続く。徳川家が江戸に入るとこれまで低湿地の葦原であった東郊一帯を大規模に開発する政策が展開された。それまで村がなかった所に、この時いっせいに村と新田が登場する。開発を担ったのはほとんどがかつての戦国大名の旧家臣で浪人となっていた人々である。江戸東郊のなかでも現在の足立区東部は、全面が開発新田におおわれ、とりわけ新田が集中していた地域であるという点が特徴といえよう。

新田の開発とともに旧来からの村々でも田の開発が進み、江戸西郊が畑作地帯であったのに対して、東郊は江戸の人々に米を供給する豊かな稲作地帯になっていく。「一面に広がる水田と網の目のように流れる用水のある風景」が足立区の伝統的な景観であったことを、『展示図録』は強調している。ここは江戸直近の穀倉地帯であり（しかもほとんどが幕府直轄領）、田畑の比率では七〜八割が稲作であった。そうした景観を表現するために、田畑・寺社・用水などを含めた集落周辺の模型を展示し、また田の字型の間取りをもつ母屋や納屋を含む典型的な農家と屋敷地の模型を展示している。

このミュージアムの面白いのは、下肥に関する展示の充実である。展示室の入り口にまで「昔のトイレ」の模型が展示され、展示室中央には藁で作った大きな肥溜めの原寸復元模型が目を引く。下肥の記事が数多く記載される「村明細帳」、下肥くみ取り権利の記録、下肥運搬船（「葛西船」「汚わい船」と呼ばれた）や人力による江戸中心部からの運搬ルート、肥桶（コエタンゴ）などの道具もある。かつての生業や生活の実態を説明する歴史教育として、循環型社会形成への環境教育として、「臭いものにも蓋をしない」というミュージアムの積極的な主張として理解できるであろう。

この地は稲作だけではなくもちろん畑作も行われた。それどころか江戸東京という大消費地を控えた東郊は、野菜が現金収入になることもあって、名のある野菜の特産地であった。ここでの展示は足立区に限らず東郊全域

肥溜めの原寸復元模型

青物問屋の店先

の名野菜を紹介してあるが、東郊は葉菜類（葉物野菜）が多く果菜類（実野菜）もあった。足立区の特産としては、西新井大莢《おおざや》（枝豆）、栗原山東菜《さんとうさい》、本木《もとぎ》セリ、本木ナス（ナスそのものの出荷ではなく苗の育成販売が主）など区内の地名が付けられた野菜であり、さらには料理に添えて風味や季節感を出すツマモノといわれたメジソ、ムラメ、花穂、サンショ、ヨメナ、タデ、アサツキなどは、大正末から現在まで足立区栗原を中心に栽培されている。

東郊の野菜が集まったのは千住の青物問屋であり、それらが密集した千住河原町一帯は「やっちゃば」（野菜市場）と呼ばれ、神田、駒込と並ぶ江戸三大市場に数えられた。その町並みが詳細に図示され、ある青物問屋の店先が、並べられた野菜や道具とともに原寸大で復元展示されているのが目を引く。『展示図録』によればこの千住市場の特徴として、仕入品を小売店に売る通常の仲買人のほかに、仕入品を別の市場に運んで売る「投師《なげし》」（出仲買人）の存在があったという。大正期にはこの市場の全取引額の約七割をこの投師が担っており、商品が一般の仲買人に競売（セリ）される前に、投師が「引荷」（事前に買うこと）し、残りがセリにかけられたという。「市場経済化された農業社会（第一次産業社会）」というのが、江戸期日本の社会システムの特徴であったろうが、江戸近郊地域は、そのことを端的に現している地域であろう。

農家は現金収入の手段として、野菜ばかりでなく農産物を利用した「際物《きわもの》」をつくり、江戸東京に出荷した。際物とは季節に合わせた縁起物などで江戸東京の年中行事や祭礼を彩るものであった。この際物づくりも足立区だけではなく東郊一帯に広がり、浅草のほおずき市におけるほおずき（特に江戸川区）、入谷鬼子母神の朝顔市における朝顔（特に江戸川区）、各地の酉の市における飾り熊手、浅草や神田明神などのガサ市におけるしめ縄（特に葛飾区）などがある。なかでも足立区を発祥とするのは酉《とり》の市である。現在では二三区内外を問わず全国各地で酉の市が行われているが、もともとは足立区域の花又村（現、花畑）の大鷲《おおとり》神社が発祥とされる。足立区最北端のこの大鷲神社は、酉の市とともに江戸期に大いに栄えたが、その賑わいは浅草の鷲《おおとり》神社（台東区）に移り、江戸後期にはそこが最も有名な酉の市になった。また二月の節分に飾るヒイラギや五月の端午の節供に用いられるショウブもまたその多くが足立区入谷地域で作られた。ともに魔除けの縁起物とされた。

際物の一つに盆の草物がある。盆を迎えるために盆棚をつくるが、その際、草花、ほおずき、竹笹、マコモのゴザ、ハスの葉などを使って盆棚を飾る。そうしたものを草物という。この草物は七月一〇日の夕方から一一日の明け方まで開かれた盆の草市で売られた。それが千住の草市である。やっちゃばの近くで開かれ、小売りの市ではなく卸売の市であった。夜に行われたため品質の良くないものでも「夜陰にまぎれて勢いで売れた」という。「夜」と「勢い」がキーワードであり、「荒々しい市」であった。手間をかけて作ったものでなくとも、河原や家の周りに生えているもの、浅草のほおずき市で売れ残ったほおずきなども扱われたという。この市も昭和四〇年代で衰退した。

工業化と人口の増大

明治に入って、隅田川沿岸から始まった近代的な工場の建設は、明治後半から東郊全域に広がっていく。足立区も例外ではない。初期の工業で足立区を特徴づけているのは地漉紙《じすきがみ》の生産である。地漉紙とは、使用済みの古い紙を引き取り、もう一度漉き返して作る紙である。もともと江戸時代より行われていたが、昭和初期には足立区域が東京を代表する紙の生産地となった。紙すきは、本木、梅田、梅島などで行われ、千住には紙問屋があった。その後、地漉紙の需要は減り、昭和五〇年代にその生産は終了したという。展示は二枚の写真しかないが、往時の紙漉きの風景が偲ばれる。

本格的に工業化が進行する中で足立区のシンボルとなったのが「お化け煙突」である。一九二六（大正一五）年に建設された千住火力発電所は、八〇メートルを超える四本の巨大な煙突を持っていた。しかもこの発電所は規模・発電量ともに当時日本最大であった。その煙突の巨大さが「お化け」なのではなく、この四本の煙突は見る場所によって、本数が四、三、二、一本と変化したからであった。その理由は煙突が極端なひし形に配置されていたからであった。「お化け煙突」はまさに東郊のとりわけ足立区のシンボルであり、ランドマークであった。火力発電所全体の模型と、場所により本数の異なる煙突の写真が展示されている。

この煙突はその稼働時から現在まで様々なメディアに取り上げられた。『展示図録』によれば、とりわけ一九五三（昭和二八）年の映画『煙突の見える場所』（五所平之助監督、田中絹代主演、ベルリン映画国際平和賞受賞）によって全国的知名度を得た。「本数の変わる煙突を登場人物の心象風景になぞらえた」作品であるという。また『少年ジャンプ』誌連載の人気マンガ『こちら葛飾区亀有公園前派出所』五九巻（一九八九年）収録の「お化け煙突が消えた日の巻」では、主人公両津勘吉の「お化け煙突をめぐる少年時代のエピソード」が描かれているという。しかし発電所は一九六三（昭和三八）年に廃止され、煙突も翌年に撤去された。東京電力は、煙突を惜しむ人々の要望に応え、煙突筒身部分を滑り台の素材として、近くの小学校に寄贈した。その後、小学校の統廃合により、現在は東京未来大学の敷地内で、新しくお化け煙突モニュメントとして生まれ変わっていると聞く。

巨大発電所が象徴するように、東郊地域は昭和期にいたるまで日本有数の工業地帯として発展した。その後工場の数は減少していくが、二〇〇七（平成一九）年時点でも、足立区は東京二三区の中で大田区に次いで二番目に工場の多い区となっている。工業化に随伴して急激な人口の増加がみられ、未だ農村地帯であった一八七四（明治七）年に三万人をわずかに超す程度であった足立区の人口は、一〇〇年後の一九七五（昭和五〇）年には六〇万人を超えている。一世紀の間に二〇倍に増加したのである。とりわけ高度成長期の一九六〇年代前半の五年間が増加率のピークであった。その後人口の増加はおさまったとはいえ、現在でも足立区は人口約六七万人を擁する大自治体である。

お化け煙突模型

人口の増大は住居の増大を意味する。かつての農村地帯は住宅密集地へと変貌していった。一九六六（昭和四一）年、稲作のための用水路を管理していた土地改良区は、解散を決定し、市街地建設のために用水路を廃止した。ここに足立区は稲作農村としての歴史に幕を下ろしたのである。戦後すぐに始まったのは、都営住宅の大量建設である。高度成長期に最も多く建設されたのは、木造平屋建ての軒割長屋形式（一軒を二戸が利用する棟割長屋）の住宅である。その一軒部分がこの博物館のメイン展示の一つとなっている。屋内には白黒テレビ、電気洗濯機、リンゴなどの木箱を積み上げた棚、七輪、蠅帳などが置かれている。蠅帳とは冷蔵庫のなかった時代に用いられた、網のついた箱型の食器入れ兼食物入れである。まさに昭和の一風景を郷愁させる。昭和四〇年代以降はコンクリート作りの高層住宅が中心となる。巨大団地が次々に建設され、足立区は「団地区」と言われるようになる。

目立たない所にある展示ギャラリーには、「東郊の食」というコーナーがある。農家の通常の夕食、祭のごちそう、東京の典型的な雑煮（しょうゆのすまし汁に四角い切り餅と小松菜を入れるのが基本で、他は家々により異なり鶏肉・里芋・大根・人参などが加わるが、展示は切り餅と小松菜のみの雑煮である）などの再現模型とならんで、足立区の名物として西新井大師門前の「草団子」（弘法大師がヨモギの薬効を勧めた食べ物という伝説を持つ）と千住の「すずめ焼き」（小鮒の腹を開いた姿がすずめに似ているといところから名付けられた小鮒の佃煮）の模型が展示されている。さらに面白いのは「安価でなつかしいローカルフード」として「足立の名物ボッタ」と「文化フライ」なるものもある。ボッタとは、具を入れない小麦粉だけの「もんじゃ」であり、文化フライとはガムシロップを入れて練った小麦粉にパン粉をつけて揚げたものだという。これを見て懐かしさを感じる人も多いだろう。

もう一点筆者がこだわりたいのは雑煮である。実はこの足立区のいくつかの旧家の中に、正月には餅を入れない「芋雑煮」（ヤツガシラという里芋を入れる）を食べるという伝統を守っている家々がある。全国に今も散在する「イモ正月」の珍しい事例である。坪井洋文はその著『イモと日本人』のなかに、「餅なし正月」の事例として、二三区内では足立区だけの事例を紹介している。東京一般の雑煮もいいが、こうしたユニークな雑煮も並べて展示するのも面白い。

最後に「江戸東京の文化を支える」というテーマで、「東郊の名所」という何枚かの浮世絵が展示されているが、その中で現足立区のものは「江戸名所百景　千住の大はし」「江戸名所百景　四ツ木樋用水引きふね」「江戸名勝図絵　西新井」の三点である。西新井とはもちろん西新井大師である。弘法大師空海の創建とされ、江戸期より川崎大師とならんで厄除けの「両大師」と言われ、多くの人々で賑わった。おそらくこの大師は足立区を最も代表する歴史的個性の一つであろう。であれば単なる東郊の名所の一部ではなく、このミュージアムがメイン展示の一つとして展示して良いもののように思える。

以上のように見てくると、古代のリーダーを支える「舎人」、メイン料理に彩りを与えることによって支える「ツマモノ」、年中行事や祭礼の付属物として支える「際物」や「草物」、東京中心部を支えるサラリーマンの「団地」、地域の名所さえ「江戸文化を支える」と位置づけられる。このミュージアムが主張しているのは、「中心を支える周辺」こそ足立区の個性なのだ、と解釈できよう。まさに「舎人区」なのであろう。

しかし歴史や社会を見る視点は多様である。たとえばこのミュージアムが地域の人々とともに、舎人（脇役）こそが歴史を動かした主役であるという物語を募り、ツマモノこそが主役となる料理を工夫し、際物や草物を付属品にするのではなく、それ自体を高度な作品にまで高めた工芸や美術を生み出し、あるいは江戸の文化を支えるのではなく、区の中の名所をそれ自体として誇り、足立区自身の新たな固有の文化を創出していく、そんな自立的な区を作っていくことも可能だろう。そのためにこの立派な区立ミュージアムは拠点となりうる施設なのではないだろうか。

13 葛飾区郷土と天文の博物館

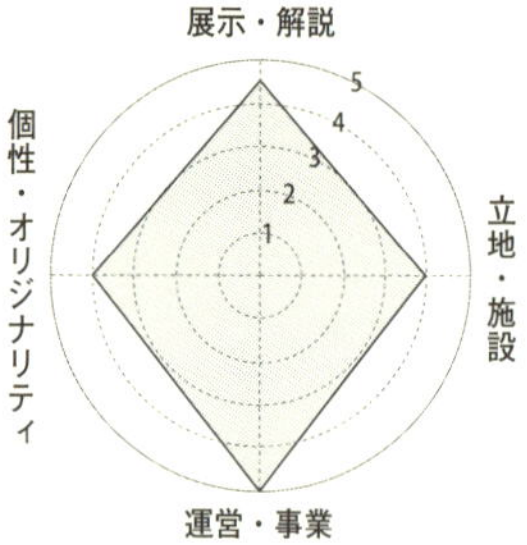

総合 ★★★★

〒125-0063 葛飾区白鳥 3-25-1

03-3838-1101

［開館時間］
火曜日～木曜日／9：00 ～ 17：00
金曜日・土曜日（祝日を除く）／9：00 ～ 21：00
日曜日・祝日／9：00 ～ 17：00
［休館日］
月曜日（祝日の場合は開館）
第 2･4 火曜日（祝日の場合は開館し、翌日休館）、年末年始（12 月 28 日～1 月 4 日）
＊設備工事期間休館（2013 年 10 月～ 2014 年 4 月上旬）

大人：100 円
小・中学生：50 円

常設展示図録あり

葛飾《かつしか》という地名を全国的に有名にしたのは、映画『男はつらいよ』シリーズであろう。このシリーズは毎回同じような筋書きにもかかわらず、飽きられることもなく続き、二〇世紀後半の二七年間に亘って四八作にも及び、のべ一億人の人が見た人気映画であった。主演の渥美清は国民栄誉賞まで受賞したのである。以下、濱口惠俊・金児曉嗣編著『寅さんと日本人』を参照するが、渥美扮する「フーテンの寅さん」の故郷《ふるさと》、葛飾柴又の帝釈天門前町は、江戸期以来の江戸周辺の名所であった他寺社の門前町が衰退していくなか、唯一といっていいほど観光地として脚光を浴び、今日もなお人で賑わう。だんご屋「とらや」の家族的絆、人情味の厚い下町の風情、美しくのどかな田園風景、お祭や縁日に集う人々な

ど、この映画の映し出す柴又のシーンは、まさに日本人の「心のふるさと」として受け取られたといえよう。

高度成長期以降、多くの人々が故郷《ふるさと》である地方を捨てて東京に出たのとは逆に、寅さんは東京を出て地方を放浪し、時にふるさとの柴又に戻った。地方に対する東京のイメージとは、密集した無機質なビル群と、あふれるばかりの人や車の雑踏と騒音であろう。それゆえこの映画に不可欠なマドンナ達が柴又を訪ねてきた時、「東京にもこんな所があったなんて」と一様に驚くのである。葛飾柴又とはまさに「東京らしからぬ東京」であった。葛飾柴又にある「寅さん記念館」は、映画の背景や撮影現場、名場面などが楽しめる。

しかし今回訪ねるのは、その記念館ではなく、葛飾区郷土と天文の博物館である。京成電鉄お花茶屋駅より徒歩一〇分程、それなりに遠い。中央区のミュージアムと同様、天文施設と一緒になったミュージアムである。その二階が「郷土」のフロアとして常設展示室と特別企画展示室、およびビデオコーナー、三階が「天文」のフロアであり、その上に太陽望遠鏡付きの天体観測室が設置されている。一階には、かなり充実したレファレンスコーナー（図書室）、体験学習室、講堂などがある。小さなミュージアムショップはあるが、レストランはない。二、三階の展示室は広く、数多くの資料が展示してあるが、立地条件の悪さもあり、訪れる人は少ない。

この館の玄関を入ると、正面に設置されている正月用の巨大な飾り熊手が目に入る。このミュージアムを印象づける仕掛けである。飾り熊手は、江戸東京の東郊一帯の地域で農家の副業として作られたものであるが、材料となる藁を作る田んぼが葛飾から無くなった今も、材料を他地域から取り寄せ、作ら

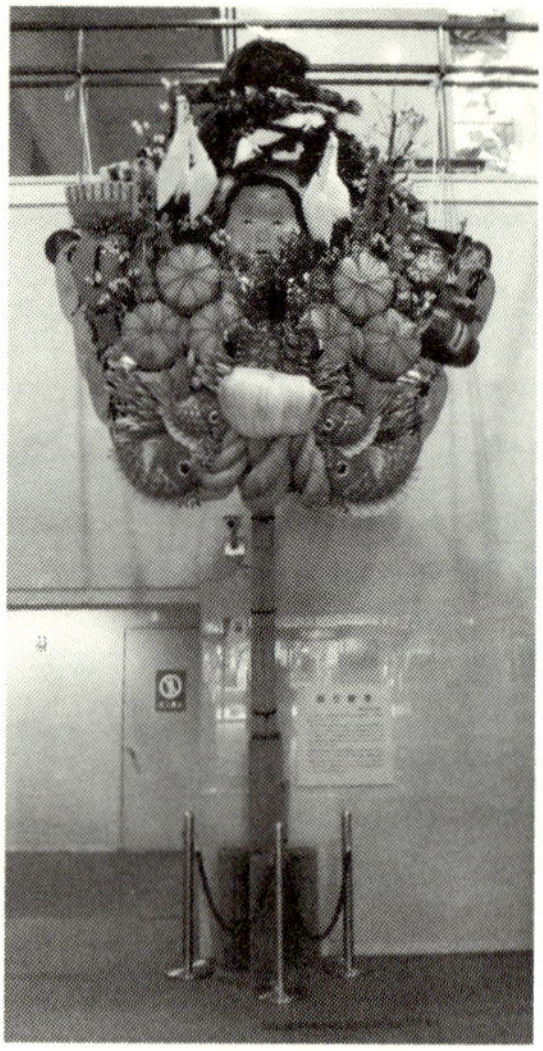
巨大な飾り熊手

れ続けている。しかし熊手とはそもそも何であろうか。大判小判、鶴亀、打出の小槌、恵比寿・大黒、福俵など縁起物をあるだけ取り付け、それを掻き込もうとする、庶民の欲深い願望・祈念の現れであろうか。これほどあからさまな宗教器材は、おそらくは江戸にしか発現しなかったものであろう。もっとも今では全国に広がっているが。

大判の『常設展示図録』は館の活動や収蔵庫を紹介するなど、細かい文字で多くの情報を盛り込んだ意欲的なものではあるが、それゆえにやや読みにくい。この図録を参照しながら、「郷土」のフロアの展示を見よう。

「かつしかと水」

図録にもあるように、展示を構想する中で「郷土かつしかの特徴は何かということが調査され検討が行われた」という。その結果、展示は大きく三つのテーマ、「かつしかと水（総合展示）」「かつしかのあゆみ（歴史展示）」「かつしかのくらし（民俗展示）」に分けられた。総合展示と民俗展示のスペースは広く、歴史展示のそれははるかに狭い。筆者としては歴史展示をもっと充実させてほしいと思う。随所に映像資料が設けられている点がこのミュージアムの特徴であろう。

総合展示の「かつしかと水」では、「東京低地のなりたち」「水のめぐみ」「水がはこぶもの」「水の克服」という四つのテーマからなる。

「東京低地のなりたち」では、弥生期には海に面していた現在の葛飾区が、自然の陸化と人為的な干拓によって海岸線が前進していき、内陸深い現在の葛飾区となったことが示されている。

「水のめぐみ」では、葛西用水と上下之割用水によって広く可能になった稲作の工程や稲作諸用具が示されている。地方の博物館では稲作過程や用具の展示が多く見られるが、その詳しい展示は二三区のミュージアムなかでは葛飾区のみの展示である。「東京らしからぬ東京」である葛飾区らしい展示なのかもしれない。この地域は低質な地形であり、一般的な乾田のみならず湿田も多かった。一般的に湿田のある地域では、田泥にもぐらないように「田下駄」を用いたり、渡り板を渡したりするが、葛飾・江戸川・足立区では田下駄の使用例がほとんどなく、湿田に直接入って作業を行い、刈った稲は展示されているような「田舟」に乗せて運んだという。また足立区と同じく葛飾区では農家の副業としてしめ飾り作りが盛んであったが、その藁は、湿田で稲穂が出る以前に青刈りして乾燥させた特別な稲藁であった。こうした稲を「ミトラズ」(実を取らないということか?)といい、青く美しいしめ飾りが出来て、湿田では収穫量の少ない米よりも収入が良かったという。

次の「水がはこぶもの」というテーマは、かつて陸上交通よりも主流を占めた水運に関するものであるが、かなり大きな「葛西舟」の展示が目を引く。館のメイン展示の一つであろう。江戸期以降、江戸市中の下肥は近郊農家にとって稲作・畑作を問わず不可欠の肥料であり、金銭を出して購入した。江戸庶民が多く住む長屋の共同便所からの汲み取り代金は、長屋の大家《おおや》の収入になった。以下の川柳が残る。

店中《たなじゅう》の　尻で大家は　餅をつき

それぞれの長屋の名は通常「〇〇店」と呼ばれたが、大家はその収入で餅代を得ることができたので

葛西舟

ある。
　この下肥を市中から運んだのが葛西舟（「オワイ（汚穢）舟」ともいう）である。現葛飾区などの東郊地域では、水路が縦横にめぐらされ、舟による下肥の大量で組織的な輸送が可能であった。富裕な農家の中には、下肥を舟で運び販売することを副業とするものも現れた。「船一曹は一町株」という言葉があるが、それは下肥を運ぶ船一曹があると耕地一町の収益に匹敵するという意味であった。明治以降は副業ではなく、それを専業にするものまで現れたのである。このオワイ舟が消えたのは高度成長期が始まる昭和三〇年代後半のことであった。コエオケやコエビシャク、下肥値段表といった関連資料が展示されている。
　最後の「水の克服」というテーマは、水害が多かったこの地における、治水や利水のための河川開削や改良、台風などによる河川災害の実情に関するものである。江戸期における、利根川の東遷事業（江戸湾に流れ込んでいた利根川を太平洋に注ぐ川筋とした）や中川の開削、昭和初期における荒川放水路・江戸川放水路の開削、一九六二（昭和三七）年の中川放水路の開削などが示されている。また葛飾区に大きな爪痕を残した一九四七（昭和二二）年のキャサリン台風の集中豪雨による大災害はビデオも使い詳細に解説してある。

「かつしかのあゆみ」

次に歴史展示のコーナーに行こう。古代律令制下では、現葛飾区は下総国葛飾郡に含まれる。しかし古代の葛飾郡は、今の葛飾区だけではなく、現江戸川区や墨田区を含むどころか（現江東区の多くは海の底にあった）、現千葉県の下総国府（現市川市）を越えて船橋まで至り、さらに北に長く伸びて、遠く現茨城県古河《こが》市にまで及ぶ広大な領域であった。現在の葛飾、墨田、江戸川区あたりは葛飾郡の西南の隅の大嶋郷といわれた地域である。当時の東国の状況を知る貴重な資料がある。東大寺正倉院に伝わる七二一（養老五）年の「下総国葛飾郡大嶋郷戸籍」（養老戸籍）である。これによると大嶋郷は、甲和里、仲村里、嶋俣里の三里から構成されていたが、現在、甲和里は江戸川区小岩、仲村里は葛飾区奥戸、嶋俣里は葛飾区柴又と推定されている。展示されている地図を見ればわかりやすい。

平安末期からこの地域で台頭してきたのは、桓武平氏・秩父氏の流れをくむ葛西氏である。その本拠地がどこであったかは不明だが、現在の金町、四ツ木、立石周辺にそれを推測させる伝承が残る。葛西氏は源頼朝の鎌倉幕府創設に尽力して功をたてるとともに、頼朝の厚い信頼を得て後に奥州の地の奉行にも命ぜられている。その後、その一族の多くは奥州へと引き移る。室町時代になるとこの地は、鎌倉公方を補佐した関東管領上杉氏の支配下に入る。その後、上杉氏と現茨城県古河に本拠を構えた関東公方（古河公方）との対立が激化し、「享徳の大乱」となるが、上杉氏は現在の青戸の地に葛西城を築く。東関東には上杉氏、西関東には古河公方と、関東平野は二分され、東関東は江戸城に上杉氏の家宰・太田道灌が中心にすわって、葛西城はその最前線基地としての性格を持ったのである。展示の地図はそのことをわかりやすく示している。

戦国時代に入ると、小田原北条氏が北上して上杉氏を脅かし、一五三七（天文六）年に上杉氏の本拠地である河越城（現埼玉県川越市）を落とすとともに翌年には葛西城も落とし、この地は北条氏の支配下となって、葛西城はその最前線基地となる。その後、北条氏は二度の国府台《こうのだい》合戦において、里見氏などの房総諸将との戦いに勝利して、ほぼ関東一円を支配下とするのである。その北条氏も一五九〇（天正一八）年の豊臣秀吉によって滅ぼされ、葛西城も落城して廃城となった。

江戸期に入り、この地のほとんどが幕府直轄領となって代官支配地となった。また江戸初期（寛永期頃）には、この地は、古代以来の下総国の所属であったものが、武蔵国へと編成替えが行われている。平和な時代となって、総合展示「かつしかと水」の項で述べたような用水の整備や治水事業で新田開発が進み、また街道も整備された。五街道の一つ日光道中の千住宿から分岐した「水戸佐倉道」の最初の宿場として、新宿《にいじゅく》が整備された。もともと新宿は戦国時代から「葛西新宿」として存在した交通の要衝であった。水戸佐倉道はこの宿場で、常陸に向かう水戸道と下総に向かう佐倉道に分岐した。新宿は中川の岸辺にあって、新宿に行くには「新宿の渡し」を舟で渡る。この渡しは『江戸名所図会』や浮世絵にも描かれた風光明媚なところであり、江戸の名所としても知られた。

また水戸道を行き、江戸川を渡るところに関所が置かれ、江戸防衛の拠点とした。これが「金町・松戸関所」である。江戸の南の箱根の関所はよく知られているが、北のこの関所は知られるところが少ない。葛飾区の歴史的個性の一つとして記憶されるべきであろう。関所に関するいくつかの資料が展示されているとともに、この館は『金町松戸関所――将軍御成と船橋』という興味深い図録を持つ。この図録に採られた多くの絵図がことに美しい。関所に関する解説もさりながら、将軍の鹿狩りの際に作られた「船橋」（川に舟を並べて繋げた仮設の橋）についての項がおもしろい。しかもこの「船橋」は全国に存在したが、この図録はそれらを広く集めて紹介している。

「かつしかのくらし」

第三のテーマである「かつしかのくらし（民俗展示）」に移ろう。その展示室に入ると大きなネギの束の模型が幾束も大八車に積まれているのが目に入る。現葛飾区は古くから稲作中心の農村地帯であったが、江戸後期より蔬菜《そさい》の栽培が発達し、近代に入っても東京の近郊農村として、蔬菜を供給した。種々な野菜のなかでも葛飾の名産といわれたのは、新宿《にいじゅく》のネギと金町の小カブである。新宿のネギは軟白部が非常に長く真っ直ぐなのが特徴であり、八百屋で小売りされることなく、千住のネギ問屋から料亭等に専門に引き取られた。金町の小カブは冬期にヨシズを掛けて栽培することによって早春の出荷が出来、全国的にも有名であった。前述の模型のネギに示されているように、商品価値を高めるためにも、長さ太さが揃い、白さ美しさも際立たせて、円形に束ねたものである。束ね方（「マルキ」方）にも蔬菜の種類や方法によって様々にあり、ネギのオオタバは二五〇〇本も束ねたものだという。

しめ飾り

江戸東京の近郊であったため農家の副業も盛んであり、その生産物は多様であった。なかでも足立・江戸川区域で広く生産されていたが、特に葛飾区で盛んだったのは、先述のしめ飾りである。それは一二月一五、一六日の浅草の観音の市、二〇日の神田明神の市、二四日の芝愛宕神社の市、二六から二九日の両国回向院の四つの市に出荷され、仲買に買われた。葛飾周辺で作られたしめ飾りは九種類あるという。神棚用のゴボウジメ、荒神用のダイコジメやオオバタケ、玄関飾りの玉飾り、輪飾りであるジョウワやリンボウなどであり、そうしたしめ飾りが展示され、こんなにも多様なのかと驚かされる。また毎年一〇月の奥戸天祖神社で、巨大なしめ縄を作って鳥居に奉納する「大しめ縄神事」は江戸時代から連綿と続けられた葛飾区の代表的な行事である。

このミュージアムがもう一つの副業として取り上げているのが、旧上平井（現新小岩付近）のみで夏季に行われる「ふのりつくり」である。ふのりはかつて、和服の洗い張りや洗髪、絹織物や皮加工などの工程に欠かせないものであった。それは同名の海草を原料とし、多くの労働力を必要とするいくつかの工程を経て作られるが、そうした道具などの資料が展示されている。葛飾区の歴史的個性の一つであろう。

「東京らしからぬ東京」

最後になるが、このミュージアムでも、昭和三〇年代前後のいわゆる昭和の情景が展示されている。近年、全国の博物館でこの種の展示が増え、二三区のミュージアムでも展示するところがかなりある。和室に旧型の白黒テレビ、ちゃぶ台等のある室内を再現したものが定番である。この館はそれに加えて、この時代の町工場（ボルト・ナット工場）の室内も再現されている。ここで、この館の個性ある取り組みとして強調したいのは、こうした展示（物）を活用した「回想法」という福祉との連携事業を行っていることである。それは、高齢者の方々が昭和三〇年代の民家や工場、生活用具や工場道具を見て触れることで五感を刺激し、脳を活性化させ、心理的安定や認知症の進行を遅らせるというものである。それほど大きな規模で行われているものではないが、この館の特筆すべき事業であろう。またこの博物館は、講座数やイベント数の多さ、ボランティア活動の活発さは目を引くものがあり、二三区の博物館の中でも最も意欲的な活動を行っている点も付記しておきたい。

現在の葛飾区は、全体として見れば、他の区と変わらぬ東京の町並みを持ち、「東京らしい東京」でもある。しかし二三区の中では葛飾区は、一世帯あたりの人員は最も多く、一住宅の居住部屋数も最も多い。かといって平均敷地面積は下から五番目で広くはない。しかも自宅就業者の比率が二三区内で最も多い。つつましい住宅の狭い部屋に、区内一の大家族が、人によっては自宅で働きながらも、身を寄せて暮らしているイメージが浮かび、「東京らしからぬ東京」の片鱗かもしれない。ともあれ筆者にとって、葛飾区はどこにもない個性的な区として、「東京らしからぬ東京を目指してほしい区」である。

14

江戸川区郷土資料室

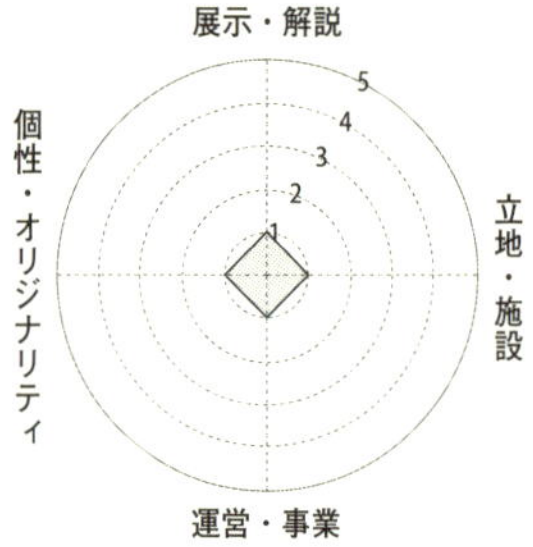

総合　★

〒132-0031　江戸川区松島 1-38-1

03-5662-7176

［開館時間］
9：00 ～ 17：00
［休館日］
祝日と年末年始、グリーンパレス休館日

無料

常設展示図録なし

言うまでもないが、東京の地名は「東京」であって、もはや「江戸」ではない。現在でも漢語調の固い東京という名よりは、懐古的で和風の江戸が良いという人は少なからずいるだろう。一八六八（慶応四）年七月一七日の詔書（大事の際に天皇が発する文書）によって、江戸は東京と定められた。以下の文である。

「朕今万機親裁し、億兆を綏撫《すいぶ》す、江戸は東国第一の大鎮《たいちん》、四方輻輳《ふくそう》の地、宜しく親臨以て其政を視るべし、因て自今江戸を称して東京とせん、是朕の海内《かいだい》一家東西同視する所以なり、衆庶此意を体せよ。」

この詔書によって、今後「江戸を称して東京」とする、と宣言された。しかし佐々木克『江戸が東京になった日』によれば、この時点で、江戸という地名が東京という地名に改称されたわけでは必ずしもないという。東京とは西の京＝京都に対する東の京という称号の意味であり、必ずしも地名ということではなかった。したがって地名はなお江戸であるという解釈も成り立つ。しかし同じ年の一八六八（明治元）年一一月五日、東京府は以下の布告を発した。

「江戸を東京と被仰出候《おおせいだされ》上は、地図書籍は勿論、絵草紙に至る迄、地名を書載《かきのせ》候類、東京と可《かく》書《べし》。」

こうして東京は地名であると正式に発表されるとともに、江戸という地名は抹殺された。徳川支配のイメージを濃厚に持つ江戸という名は、明治新政府にとって、幕藩体制とともに完全に抹殺すべきものであり、それは新政府の強い意志であったといえよう。今日、江戸という名は懐古と憧憬をもって語られる場合さえある。この江戸という名を現在でも自治体名に持つ唯一の区がある（町内の名称としての「江戸町」は神戸市や長崎市にあるが）。いうまでもなく江戸川区である。

そんな江戸川区の郷土資料室に行ってみよう。ＪＲ線新小岩駅から歩いておよそ二〇分あまりとかなり遠い。もっとも近くに江戸川区役所をはじめとする区の中心施設の所在地でもある。資料室は区の多目的施設である五階建てのグリーンパレス（江戸川区民センター）という立派な建物の三階部分に位置する。一階のカフェやレストランはミュージアムと連携を持ったミュージアムカフェないしミュージアムレストランではない。

このミュージアムの目的は、開設当初から極めて狭く限定されていたといえよう。「常設展示のご案内」というパンフレットのなかに「児童生徒の郷土学習に資することを目的に開設しました」と明記されている。ミュージアムをまちづくりを含め多様に機能させようとする意図は全くないといえよう。もちろん学校教育と博物館の連携の重要性を否定するものではないが、成人対象の社会教育をうたうことすらなく「児童・生徒」の教育施設と限定しているところは、他区のミュージアムにもない。ある小学校児童のたくさんの寄せ書きが、わざわざ展示してある。「むかしのことがべんきょうになりました」「むかしの物がすごくよく分かりました」等々。この資料室の限定された性格を表している。

しかも資料「館」ではなく、二三区内で唯一の資料「室」である。名前のとおり規模は極めてコンパクトであり、狭いスペースにほぼ歴史の順に簡単な資料を並べてある。狭いところに可能な限り多くの展示を盛り込もうとする意欲は感じられるが、その分、児童生徒用の簡単な解説や展示に終わっている。ビデオコーナーや体験コーナーがあるとはいえ、江戸川区は約六七万人もの人口規模を持つわりに、この資料室は二三区の区立ミュージアムの中では最も小さく最も魅力のないミュージアムの一つであろう。江戸川の対岸、千葉県の浦安市は人口十数万人にもかかわらず、はるかに立派なミュージアムを持っている。さらに問題なことに、本室には、『常設展示図録』はない。そのかわりに一〇〇枚にも及ばんとする「解説シート」が充実している点は評価に値しよう。以下、この「解説シート」を参照しながら展示を見てみよう。

特産品を生かしたまちづくりを

教科書的な歴史・民俗展示であるため、江戸川区の個性をとりわけ強調した展示ではない。中世の板碑、近世の検地帳や道標、大八車、鷹狩り、寺小屋、近代の江戸川区の誕生や学童疎開に関する資料が、また民俗関係資料として農具や漁具が展示してある。これらの展示は、江戸川区の個性を表すものは少なく、歴史の実物資料として、児童生徒の歴史教育用であろう。

ただ常設展示入り口の「上小岩遺跡」の展示は、現江戸川区の始原に係わる展示である。この遺跡は、現在の北小岩六、七丁目で発見された古墳時代はじめころの集落跡遺跡と見られる。現存する日本最古の戸籍である七二一（養老五）年の「下総葛飾郡大嶋郷戸籍」のなかに、「甲和里《こうわり》」という地名が見られるが、その「甲和里」の所在地がこの遺跡に推定されている。この戸籍によると、江戸川区一帯は下総国葛飾郡の「大嶋郷《おおしまごう》」であり、その中に「甲和里」「仲村里《なかむらり》」「嶋俣里《しままたり》」という三つの集落があるとされているが、「甲和里」（人口約四五〇人）が現在の小岩ではないかと言われている。「こうわ」が「こいわ」に変化したというわけである。蛇足ながら、江戸川区はもともと下総国であり、現在の隅田川が武蔵国との境であった。一六九五（元禄八）年の検地帳では、現在の江戸川区は武蔵国に入っており、元禄以前に国境《くにざかい》は、隅田川から現在の江戸川に変更されたと考えられている。

次に目につくのは、ガラスケースに入ったL字型の家屋である「曲り屋」の大きな模型である。曲り屋といえば、馬小屋と一体となった東北地方とりわけ岩手県の曲り屋が有名である。しかしこの地の曲り屋は、馬小屋ではなく、馬小屋部分が農作業の場となっている。この曲り屋は、かつて上篠崎町にあった池田謙三家の模型である。現存する曲り屋は、「一之江名主屋敷」があり、東京都指定史跡として保存され見学することもできる。「一之江名主屋敷」は、「江戸中期における名主としての格式を備え、屋敷と周囲の景観を併せ持った史跡としては都内唯一の大変貴重なもの」であるという。こうした曲り屋は、「江戸川区の民家の代表的なもの」であり「近年までは区内のあちこちにみられた」とされる。しかし江戸川区に独特のものではなく、関東地方に点在するものではある。足立区の『常設展示図録』の中にも曲屋の記述が見えるが、それによると、この「一之江名主屋敷」は、建築された当初は曲がり部分のない長方形の「直屋《すごや》」であり、後に土間部分が増築されてL字型の曲屋風になったとしている。であるならば、これを「曲り屋」というべきか、単なる「曲屋風」の建物というべきかは明確ではない。もっと詳細な説明がほしいところである。

常設展示の中央部にあるのは、主に海苔養殖用に使われた一人乗りの小さな「べか舟」であり、様々な海苔養殖用具や多くの食用海苔づくりの道具がその側に置かれている。べか舟や海苔漁は江戸川区独特のものではなく、江戸期のメインは大田区、品川区沿岸であり、この地の海苔づくりは江戸の終わり頃から始まったものである。海苔づくりは、隣の千葉県の湾岸地帯にも及び、山本周五郎の有名な『あおべか物語』が千葉県浦安市を舞台としたように、先に述べた浦安市立博物館には、より充実したべか舟関係の展示がある。ベカ舟乗船、海苔簀つくりなどの体験をすることもできる。それに比べ江戸川区の資料室はかなり見劣りがする。ともあれ江戸湾岸地帯は、明治以降からさかんに海苔を養殖し加工し、それを浅草に出荷して、全国的に有名な「浅草海苔」となって広まった。高度成長期の人口増大による生活排水で河川や海の水が汚れ、一九六二（昭和三七）年には海苔の養殖は終焉した。

江戸期、この地は新たに開削され、あるいは整備された河川によって、舟運の極めて盛んな地域であった。東北や北関東の物資を、房総半島を大回りすることなく、内陸の水系を使って江戸に運んだ。江戸川区の特徴の一つは、この舟運にあるといえよう。明治大正期においても、整備されつつある鉄道輸送網と競って、蒸気船による大量輸送が行われた。その代表的な定期貨客船が、内国通運会社の「通運丸」であり、荷物運搬用の中型和船の荷足《にたり》船とならんで、通運丸の模型が資料室に展示されている。東京から利根川を経て銚子にまで運行された。それは外輪船という姿から、当時大変な人気を博し、錦絵にも描かれたという。しかしその後は鉄道との争いに徐々に敗れ、通運丸も昭和初期にその姿を消したという。

通運丸模型

江戸期の話に戻るが、江戸の人口が急速に増えるとともに、大量の野菜が消費され、舟運の便のよい現江戸川区の村々は、そうした野菜の格好の供給地となった。野菜の中でも、今や全国的に有名な小松菜はこの地にある小松川村の地名に由来する。かつて松尾芭蕉が住んだのは、隅田川（大川）から小名木川が分岐するその分岐点あたりであったが、小名木川を東に進めば小松川村につきあたる。一六九二（元禄五）年の芭蕉の句に、

秋に添うて　行かばや末は　小松川

という有名な句が残る。秋景色を見ながら小松川村まで舟に乗った芭蕉の姿が偲ばれる。ところで小松菜である。かつて八代将軍徳川吉宗（三代将軍家光という説もある）が鷹狩りの際、この地で青菜の入った澄まし汁を供された時、大変気に入り、「この菜は何と申すか」と尋ねた。返事に困っていると吉宗が「ここは小松川だから小松菜と呼べ」と命名したとされる。その小松菜はかつては葛西菜、冬菜とも呼ばれていたらしい。享保年間の『江戸砂子』に、「いたってやわらかに、天然の甘みあり。他国になき嘉品《かひん》なり。

或人《あるひと》菜を好んで諸州の菜を食ふ。京東寺《とうじ》の水菜、大坂天王寺菜、江州（近江）日野菜など食くらぶるに、葛西菜にまされるはなしといへり」と書いてあるという。現在でも江戸川区は、都内市町村では小松菜の収穫量は一位であり、まさに小松菜は江戸川区の個性といってよい。小松菜を使った様々なまちづくりの事業も考えられよう。しかし残念ながら小松菜に関する展示はない。

そのかわりにこの地の特産であったレンコン栽培、花卉栽培、金魚養殖が展示してある。葛西地区はかつて「レンコン村」と呼ばれたほどに、明治から昭和にかけてレンコンが作られた所である。農家の減少や田んぼの埋立とともに一九九一（平成三）年を最後に作られなくなったという。また江戸川区は東京の花生産の中心であるが、それは大正時代に亀戸方面の花卉栽培が江戸川区域に移ってきたからであるという。同様に金魚の養殖も本所・深川から亀戸・大島《おおじま》地域を経て、大正時代に江戸川地域に移ってきた。戦後、江戸川区は奈良県の大和郡山市や愛知県の弥富町と並ぶ全国有数の金魚産地となる。最盛期の面影はないが現在も続けられ、七月には「江戸川特産金魚まつり」を開催している。

江戸川区を特徴づける伝統工芸に、小岩の和傘があり、この室に展示されている。和傘作り（傘張り）は、時代劇でおなじみの貧乏御家人（幕府の下級家臣）の内職であったが、江戸期、青山（現在の港区青山）周辺が中心であった。明治期にその技術を取り入れて、小岩で和傘作りが始められ、昭和初期に最盛期をむかえた。戦後は洋傘の普及により生産が減少し、現在では芝居や踊りの小道具として使われるのみにすぎない。その伝統の技を受け継ぐのはただ一人になっているという。

東京にすり寄る必要はない

民俗展示について一点だけ指摘したい。この地の祭りや信仰に関する展示がないことである。祭りや信仰はその地域を特徴づける最も個性的な表現の一つである。例えば特徴的な祭りとして、区内で最古の神社である上篠崎の浅間《せんげん》神社の、通称「のぼり祭り」がある。その特徴は、全国一ともいわれる高さ二〇メートルを超える大幟《おおのぼり》が、一〇本も立てられることにある。「一〇本の大幟が森の木立を越えて大空にひるがえる壮観さは関東でも大変珍しい祭礼といわれている」という。また祭礼が行われる七月一日は梅雨のために雨の日が多く、境内がどろんこになるため、別名「どろんこ祭り」とも言われる。この祭りの展示と詳細な説明もほしいところである。

最後に一点。解説シートに横綱栃錦が出ている。おそらく大相撲の最盛期は栃若（栃錦・若乃花）時代から柏鵬（柏戸・大鵬）時代であったろう。名横綱として、またその後は名理事長として最盛期の大相撲を背負った栃錦は、江戸川区の小岩に生れ小岩に育った。JR小岩駅前には、栃錦の等身大のブロンズ像が建立されている。多くのプロスポーツが叢生する中、時代との矛盾をはらんだ大相撲が、将来においてかつてのような隆盛を誇ることはまずないであろう。その最盛期に、東京江戸川区から、その最大の主役を生み出したことは、江戸川区にとって特筆すべきことであろう。

江戸川区はすでに一九三二（昭和七）年に、東京三五区の一つとして誕生している。区名を決める際には、小松川区、松江区、小岩区など争いがあったが、結局「東部を流下する江戸川の名称を採り」江戸川区となった。当時の人口はわずか一〇万人であった。「人口概《おおむね》希薄にして、各町村何れも未だ農村の域を脱せず」の状態であり、さらには江戸川区は「雨が降れば水浸し、文化果《はつ》るところ」と揶揄された。江戸川区の歴史的個性は、なによりこの「江戸川」という名に象徴されているといえよう。江戸川とはもともと太日川《ふといがわ》と呼ばれていたが、「江戸につながる川」として改称されたという。ひたすら江戸という中央につながりたいと熱望しながら、江戸にすり寄っていこうとしてきたのが江戸川区の歴史的個性といってよい。下総国から武蔵国へと所属を変え、江戸へと通じることを企図して河川を整備し、区の名前まで「江戸」の文字をいれた。地域特産の小松菜の名まで、江戸から与えられたものである。二三区の中でも最も貧弱な区立資料室しか持ちえない江戸川区は、未だに二三区の中で最も「文化果《はつ》るところ」かもしれない。「中央へのすり寄り」を歴史的個性とする江戸川区ではしかたがないところであろうか。戦後、隣の千葉県市川市に住んだ永井荷風は、頻繁に江戸川区一帯を散策した。その日記『断腸亭日乗』に「夜暖かにして月おぼろなり。江戸川の風景甚《はなはだ》よし」と記している。江戸に続く川だからではなく、それ自体、価値と個性のある江戸川（区）がよい。

現在のところ夢想に過ぎないが、東京にすり寄ることをやめ、江戸川区はいっそ東京の特別区を脱して、逆に「江戸市」という普通の基礎自治体となるのはどうであろうか。市役所の組織を幕府職制名（助役を老中、部長を若年寄、課長を奉行など）にするとともに、江戸のような「エコロジー&文化都市」を目指し、水上交通を活用し、木を多用した街並みをつくり、狂歌や浮世絵や演劇を奨励し、剣道や儒学を地域の教育に取り入れるなど、目指すべきことは数多くあろう。もちろん「遊廓」までは作るべきではない。今日、「大臣」などというはるか古代の言葉がイケシャアシャアと使われている。それにくらべれば財政課長を勘定奉行、土木課長を普請奉行と称することに何の不思議もない。

城南エリア

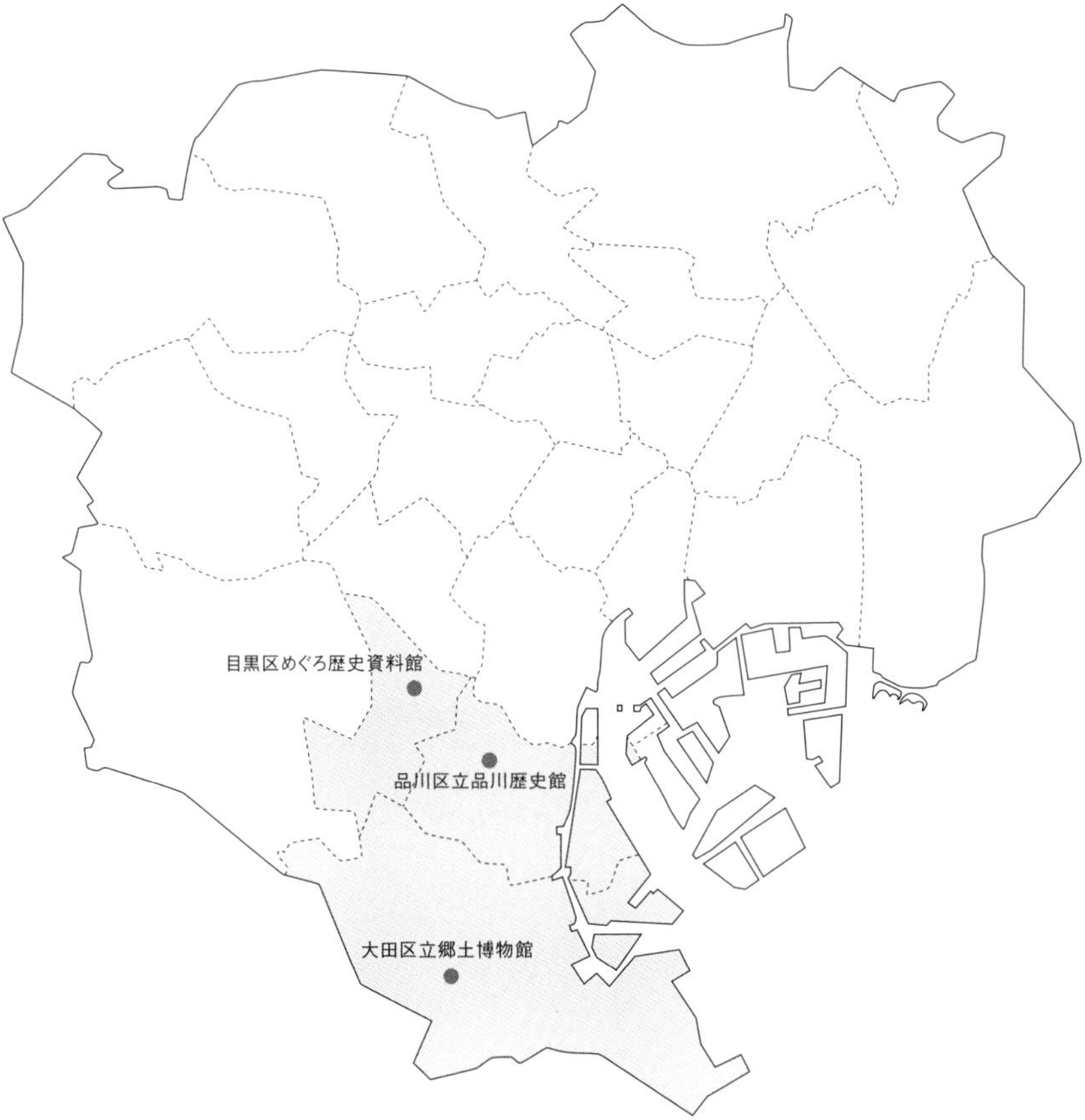
目黒区めぐろ歴史資料館
品川区立品川歴史館
大田区立郷土博物館

15 品川区立品川歴史館

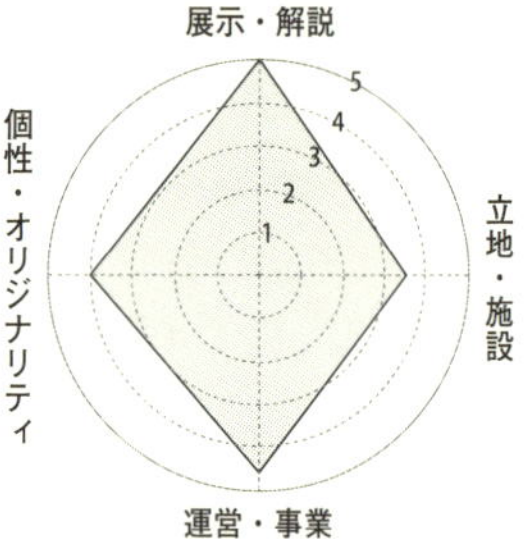

総合　★★★★

〒140-0014 品川区大井 6-11-1

03-3777-4060

［開館時間］
9：00 ～ 17：00（入館は 16：30 まで）
［休館日］
月曜・祝日（月曜が祝日の場合その翌日も休館）、年末年始

一般：100 円
小中学生：50 円
70 歳以上の高齢者、障害のある方（および介護の方 1 名）、品川区立の小中学生は無料
※特別展は別料金

常設展示図録あり

かつて沢庵宗彭《たくあんそうほう》という名僧がいた。安土桃山から江戸初期にかけての臨済宗の禅僧である。日本の代表的な漬物である「たくあん漬け」の創始者とも言われている。もっともこれについては諸説あるが、ここでは触れない。沢庵は一五七三（天正元）年、但馬国出石に生まれ、一六〇七（慶長一二）年には大徳寺首座となり、京都の大徳寺塔中徳禅寺に住むとともに堺の南宗寺にも住持した。一六〇九（慶長一四）年、三七歳で大徳寺の第一五四世住持に昇ったが、名利を求めない沢庵は三日で大徳寺を去り堺へ戻った。

既に大徳寺の大先輩・一休宗純と並び称された沢庵であったが、その名をさらに高めたのは「紫衣《しえ》事件」であったろう。江戸幕府が成立すると、禁中並公家諸法度や寺院諸法度が制定された。その中に朝廷がみだりに紫衣や上人号を授けることを禁じる項目があった。紫衣とは、紫色の法衣や袈裟をいい、古くから宗派を問わず朝廷が勅許により高位・高徳の僧に賜ったものであり、同時に朝廷にとっては一つの利権でもあったのだろう。幕府が朝廷による紫衣の授与を規制したにもかかわらず、当時の後水尾天皇は慣例通り、幕府に諮らず十数人の僧侶に紫衣着用の勅許を与えた。これを知った幕府は、一六二七（寛永四）年、法度違反とみなして紫衣を取り上げたのである。これに対して沢庵は、急ぎ京へ上って反対運動の急先鋒となり、幕府に抗弁書を提出した。一六二九（寛永六）年、幕府は、沢庵ら幕府に反抗した高僧を出羽国や陸奥国への流罪に処したのである。権力に屈しない沢庵の名をクローズアップした紫衣事件の概要である。

沢庵は出羽国上山《かみのやま》に流罪となったが、上山藩主の土岐頼行は沢庵に草庵（春雨庵）を寄進し、藩政への助言を仰ぐなどして沢庵を厚遇した。一六三二（寛永九）年、大御所・徳川秀忠の死により大赦令が出され、紫衣事件に連座した者たちは許された。後、沢庵は将軍家光に謁見したが、以後、家光は深く沢庵に帰依するようになり、一六三九（寛永一六）年、家光は東海寺を創建し沢庵を住職とし、政事に関してもたびたび相談したという。この東海寺が創建された地こそが品川であった。

もともと品川は中世以来の宗教空間であった。江戸時代後期には品川宿に二五もの寺院があったが、そのうち二三カ所は中世以前の創建と伝えられている。しかもほとんどの大宗派の寺院があり、中世の都市としての繁栄と宗教空間としての性格を物語る。そうしたなかに、とりわけ広大な敷地を持つ東海寺が沢庵のために創建されたのである。そして東海寺と幕府・将軍家との特別な関係は幕末まで変わらなかった。

そんな品川を知るために品川区立品川歴史館に向かう。歴史館はＪＲ大森駅から北上し、途中に大森貝塚遺跡庭園を見ながら、徒歩一〇分強を要し、立地条件としては良くない。一〇〇円の入館料を徴収されるが、その規模は大きく内容も充実し、二三区のなかでもかなり良い部類の区立ミュージアムであろう。二つの常設展示室（一つは企画展用にも使われる）の他、地域に関する充実した図書資料室、講堂、館所蔵の浮世絵を検索できるパソコンコーナーなどがあるが、ミュージアムショップやレストランはない。受付に出版物の販売コーナーがあるだけである。展示は古代から歴史順に並ぶが、教科書的な展示というより、品川の個性を捕らえたテーマ展示に近い。『常設展示ガイド』はコンパクトながら内容は充実しており、「解説シート」もある。

宿場と名所の集積地

近代日本の考古学は「大森貝塚」の発見から始まる。一八七七（明治一〇）年に来日したアメリカの動物学者エドワード・シルヴェスター・モースは、横浜から東京に向かう汽車の窓から、大森駅を過ぎたあたりで偶然、崖に堆積する貝殻を発見した。これが大森貝塚であり、日本で初めての学術的な発掘調査が行われ、縄文時代後・晩期のものとわかった。ちょうどこのあたりは、現在の品川区と大田区の境界上にあり、モースが初めて発掘した地点はどちらの区にあったかについては論争にもなった。しかしその後、発掘調査時に補償金を支払った桜井甚右衛門の土地が判明し、それが現在の品川区大井六丁目であり、品川区こそが日本考古学発祥の地となったのである。大森貝塚に関して、当館二階に大きくスペースをとり展示されている。

古代国家誕生以降、現品川区は武蔵国荏原郡に属し、九つの郷からなる荏原郡のうち荏原郷、駅家郷、美田《みた》郷の三郷に属していたと考えられる。品川区域が歴史の文献史料に現れるのは、平安後期の一二世紀前半からであり、この地を江戸氏から分かれた大井氏とその一族の品河《しながわ》氏が支配していたことが記されている。展示されているのは「関東安堵下知状《あんどげちじょう》」であり、一二二三（貞永二）年に品河清実の子の清常に四カ所の地頭職を相続することを鎌倉幕府が承認した文書である。これは現在確認できる史料の中で、「品川」という地名が記されている最古の文書であるという。しかし品川地域においては、大井氏は鎌倉時代に、品河氏は室町時代にその支配権を奪われた。

ところで本ミュージアムは学芸活動を活発に行っているが、中でも中世品川湊の研究に優れた業績を持つ。二三区の区立博物館の図録の中でも最も優れた図録の一つである『東京湾と品川――よみがえる中世の港町』がその成果である。近年の一連の研究により中世の東国水運史の解明が進み、中世の江戸研究が急速に進展した。中世の品川は、品川湊として江戸湾内有数の湊であり、「紀伊半島や東海地方から太平洋を渡ってくる航路と、旧利根川水系・常陸川水系を通って銚子沖から東北地方に通じる航路を結ぶ重要な場所に位置する湊」であった。この地は当時、有力な海運業者や各宗派の寺院も相次いで建立され、品川は人と物資の交流で賑わう港湾都市（「東武の一都会」）として繁栄したのである。

展示室中央部に展示されている「常滑焼の大甕」はそのシンボル的なものといえよう。常滑大甕は、現在の府中市、小金井市、武蔵村山市、多摩市、八王子市などの内陸部でも発見されているが、それらを含む多くの物資がいったん品川湊で降ろされ、多摩川などの水運によって運ばれたものと想定される。

品川宿の宿並模型

一五世紀半ばの熊野地方出身の海運業者、鈴木道胤《どういん》は、連歌師の宗祇や心敬《しんきょう》との交流で知られる品川の代表的な有徳人（財力をもった有力者）で、南品川の妙国寺に対して、七堂伽藍を寄進し、品川有数の大寺院としたほどであった。その中の五重塔は旅人が目を見張るほど立派なものであり、品川湊のシンボルともいえるものであった。しかし残念ながら江戸初期の一六一四（慶長一九）年に大風で倒れてしまったという。「妙国寺絵図」の展示が盛時のころを偲ばせる。

しかし何といっても品川を特徴づけているのは、近世における品川宿であろう。新宿、板橋、千住と並ぶ江戸四宿の一つであり、最大の街道であった東海道の第一宿である。当初の品川宿は、北品川宿と南品川宿から成っていたが、その繁栄とともに次第に高輪寄り（江戸方向）に旅籠屋や茶屋が新しく形成され、一七二二（享保七）年、この新しい町並みを「歩行新宿《かちしんじゅく》」として品川宿に加えるようになった。品川宿は、南北に一八町四〇間（約二一四五メートル）にも及び、高輪町境から大井村境まで家並みが続いていたという。このミュージアムのメイン展示はまさにこの品川宿の宿並模型である。旅人のみならず様々な商人や職人とともに、多様な建物が展示され、その精巧なジオラマ模型はじっくり見るに値する。

当時の品川宿の旅籠屋は、そのほとんどが食売女（飯盛女）を置く食売旅籠屋《めしうりはたご》であり、最盛時にはその数一〇〇〇人を超えていたという。なかでも「土蔵相模」と通称された相模屋は、外壁が土蔵のよう

土蔵相模模型

な海鼠《なまこ》壁を持った徒歩新宿の著名な食売旅籠であり、幕末の一八六二（文久二）年に高杉晋作、久坂玄瑞らが、品川御殿山のイギリス公使館焼き討ちの密議をこらした所としても有名である。この建物は近年まで存在したが、一九七七（昭和五二）年に取り壊されて、現在は見ることができない。しかしこのミュージアムのなかに、土蔵相模の模型が展示されている。またこの品川宿の本陣は、当初、北品川宿と南品川宿の双方にあったが、江戸中期以降は北品川宿の一軒だけとなった。その壮大な本陣の絵図と模型も見どころの一つといえよう。他にも品川宿に関する様々なモノが展示されているが、後は見てのお楽しみであろう。

江戸期における品川地区のもう一つの特徴は、この地域が江戸の名所の集積地であったことである。とりわけ北品川宿の西方の丘陵である御殿山は、上野、墨堤、飛鳥山、小金井と並ぶ桜の名所であり、花見遊山の人々で賑わった。かつてこの地に太田道灌の館跡《やかたあと》があったという言い伝えがある「御殿山」という地名は、江戸期に入り徳川将軍が鷹狩りの際の休憩所として品川御殿といわれた屋敷を設けたことに由来するといわれる。他方、春の御殿山に対して、鎌倉時代の渡来の名僧・蘭溪道隆を開祖とする鮫洲《さめず》の海晏寺《かいあんじ》は「東都随一の紅葉の名所」として知られ、行楽客のみならず風流人もまた詰めかけた。当時の俗謡に、

あれ見やしゃんせ海晏寺、真間や高尾の竜田でも及ぶまいぞえ紅葉狩り

とうたわれた。展示解説には「真間（現在の千葉県市川市内）の弘法寺、高尾

記されている。

の西方寺（浅草山谷堀。現在お寺は西巣鴨に移転）といった名所にも勝るのが海晏寺の紅葉でした」と

江戸の海の幸

品川が東海道の第一宿であり、名所の集積地であろうとも、その一帯は農村・漁村として江戸の経済圏に含まれていた。とりわけ江戸前の豊富な魚介類や海苔づくりが大消費地の江戸の需要に応えた。現在では埋立が進んで、品川といえども海が疎遠となった感があるが、かつて海は品川の人々の生活に深く結びついていたのである。江戸湾内における本格的漁業が発達したのは、近世以降であり、半農半漁ではない純漁村が形成されていった。なかでも江戸城御用の鮮魚を納める「御采《おさい》八ケ浦」として、江戸湾沿いに、現港区の金杉浦、本芝浦、現品川区の品川浦、大井御林浦、現大田区の羽田浦、現横浜市の生麦浦、新宿浦（子安浦）、神奈川浦の八カ所が設定された。漁獲物の一部は御菜肴として将軍家に献上されたが、多くは金杉や本芝の魚問屋や仲買人の手をへて売りさばかれた。このミュージアムには、品川の海でとれる漁獲物に関する資料等とともに、それらを獲る漁船である「桁舟」の大きく精巧な模型が展示されている。

魚介とともに、品川から羽田浦にかけての沿岸一帯は海苔づくりの特産地であった。海苔の作り方は、クヌギやカシなどの葉を落とした枝付きの粗朶《そだ》（これを「ノリヒビ」という）を海中に一本一本建て、これにノリを付着させて育てた後に採集するという方法であった。海岸沿いに美しく並ぶ「ノリヒビ」の光景は人々の詩情を誘い、数々の絵や文の題材となった。生海苔を紙漉きの技法を用いて干し海

苔にする方法が考案されたのは元禄期の江戸においてであった。この地域で採れた海苔は浅草に運ばれ、江戸名産「浅草海苔」の名で販売され、全国に名が知られるようになる。ほとんどの商品が上方で開発・生産され、江戸に「下り物」としてもたらされた時代にあって、「浅草海苔」は江戸で生まれて上方に流通した最初の商品であったと言われる。後に海況の変化などによって、文化年間頃から品川浦でのノリの生産は落ち、主要なノリ生産は大森村や羽田村へと移っていった。品川でのノリ採りは一九六三（昭和三八）年に漁業権がなくなり終焉した。ミュージアムには、海苔船（ベガテンマ、ノリトリテンマという）の模型とともに、ノリ採りや海苔づくりの道具などの諸資料が展示されている。

江戸期のこの地域は、宿場町と海岸沿いの漁村を除けば、その背後には広範な農村が広がり、宿場や江戸市中に農産物を供給する近郊農村であった。もともとこの地域は水の便の悪い所であったが、江戸初期に品川用水と三田用水が作られて耕作地が広がった。江戸後期にこの地の名産として有名だったのは、「大井のにんじん、品川葱、戸越の筍《たけのこ》」であったという。筍については目黒区の章で詳しく取り上げるが、後に目黒名産となる筍づくりは、品川区の戸越村から入ったものであった。

品川が本来備えていた多機能性

このミュージアムのもう一つのメイン展示に、肥後熊本藩・細川家の広大な抱《かかえ》屋敷のジオラマ模型がある。江戸期における品川地域の特徴の一つは、この地に大名の抱屋敷が多かったことである。周知のように明暦の大火（一六五七年）以後、江戸の大名屋敷に上屋敷・中屋敷・下屋敷の制度が整備された。そうした幕府からの拝領屋敷の他に、大名家は私的な抱屋敷を江戸郊外に持ったのであり、大井村には薩摩藩島津家や土佐藩山内家、上大崎村には一橋家や松代藩真田家、下大崎村には仙台藩伊達家などの抱屋敷があり、中でも戸越村の熊本藩細川家の抱屋敷は、三万坪を超す敷地を持った大規模なものであった。この戸越屋敷は、敷地を馬場で二分し、東庭園と西庭園からなっているが、展示されている模型は東庭園のみを復元模型としたものである。東庭園は数寄屋造りの御殿を東北部に設け、御殿から眺めることを主目的に、西南部に泉水や築山のある庭園であった。

細川家抱屋敷模型

明治に入り、一八七二（明治五）年九月に新橋—横浜（現桜木町駅）間に日本初の鉄道が開業するが、その本開業の少し前、五月に品川—横浜間で仮開業がなされた。途中の駅は川崎、神奈川（現横浜駅）であり、品川から約四〇分で当時の横浜駅に着いた。当時の時刻表も展示されている。しかしここで問題となったのは品川駅の位置であった。当時の宿場の人々は、宿場近くに設置することに反対したため、品川駅は北方の高輪寄りに設置されたのであり、そこはもはや現品川区ではなく、現港区であった。鉄道の開通により、また駅が遠かったためもあったろうか、徐々に品川宿は大きな打撃を受けていったのである。

品川を特徴づけるモノ・コト・ヒトはなお多いが、最後に付言すべきは、このミュージアムには、茶室を伴う庭園が設置されており、その中に、今では極めて珍しくなった水琴窟がある点である。水琴窟とは、地中に小さな洞窟を造り、その中に水滴を落として水音を壁面に反響させることによって幽かな響きを楽しむ装置である。都会の喧噪を忘れ、ひとときこの庭園で静かな時間をすごすことができよう。

田中優子はその著『江戸を歩く』のなかで、「広重の『名所江戸百景』に見える品川はまるでハワイ。〈中略〉まさに海浜のリゾート。宿場、遊里、一流の料亭、なんでもそろっていた」と書いている。さらに当時の品川は、遠く安房上総を望む海浜景観と四季折々の風物を楽しむ数々の名所の集積地であり、新鮮で豊富な海産物の採れる漁業基地であり、特徴ある農産物の産する農業基地であり、さらには冒頭に述べたような中世以来の宗教空間でもあった。江戸庶民にとってこれほど多様で豊富な機能に満ちた地域は他になかったであろう。まさに江戸期の品川は「江戸のハワイ」を含めた多様な機能に満ちた地域であった。大名の私的別荘である抱屋敷がこの地に多く集まったのも納得できる。その品川のキーワードは「海」と「宿」であったろう。

しかし幕末、この地にお台場（艦隊を狙って据えられた砲台のある人工の島）を作るために御殿山を崩した。以後、品川の海は埋め立て続けられ、数々の「海」の名所は目立たない町並みの中に没してしまう。さらには先に述べたように、鉄道の駅を遠ざけ、品川駅を港区に設置することによって、「宿」の多くの機能のみならず宿そのものまでが無くなってしまった。今日、「品川○○ホテル」と名づけられたいくつかの有名ホテルさえ、品川区ではなく港区にある。今日の品川区は「かつての多機能性を失った区」になったといえよう。とはいえ、現在では東京湾での主要な港湾機能や水辺空間の整備もあり、そうしたものとともに、多機能性を取り戻すような、今後の品川区の街づくりに期待したい。

16 目黒区めぐろ歴史資料館

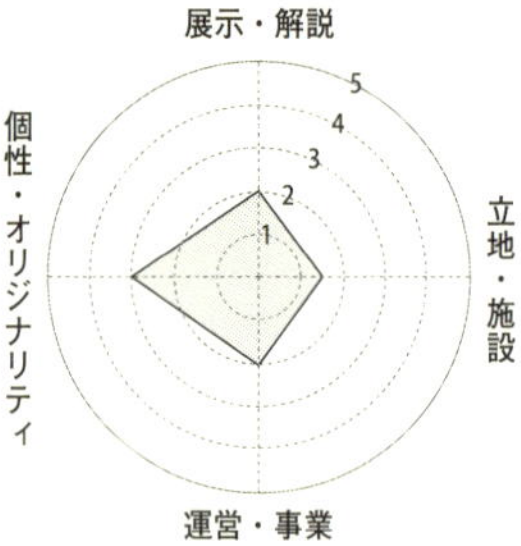

総合　★★

〒153-0061 目黒区中目黒 3-6-10

03-3715-3571

［開館時間］
9：00～17：00
［休館日］
月曜日（ただし祝日の場合は翌火曜日休館）、12月29日～1月3日

無料

常設展示図録なし

目黒といえばまず想起するのは、お馴染みの落語「目黒のサンマ」であろう。以下、目黒区発行の小冊子（「歴史を訪ねて」「目黒の地名」）による。この落語のストーリーの細部は落語家によって異なるが、共通しているのは、普段は脂気も塩気もない白身の高級魚だけを食べている殿様が、鷹狩りに出かけた際、下魚《げうお》とされていたサンマの焼きたてを食べたところ、その美味しさに驚き、その味忘れがたくて、再度所望したり人にもすすめるが、その殿様、サンマは海のないはずの目黒で獲れるものと思い込んでいる（「サンマは目黒にかぎる」）、というものである。殿様は将軍家光であったり吉宗であったり、他の大名であったりする。「裸の王様」よろしく、庶民と隔離された殿様の素朴な無知と、その元にあ

る身分制度の愚かしさをさりげなく揶揄したものであろう。庶民大衆の目線からする滑稽諧謔にあふれた江戸落語の名作である。今日にまで語り継がれ、今でも目黒区は区民祭りとしてサンマ祭りを行い、気仙沼産のサンマ五〇〇〇匹が無料で振る舞われている。「目黒のサンマ」は目黒区が有する面白い個性といえよう。

そんな目黒区を知るために目黒区めぐろ歴史資料館を訪ねる。地下鉄日比谷線中目黒駅から徒歩約一五分。近いとは言えず、立地は良くない。このミュージアムは廃校となった区立中学校の校舎の一階部分を再利用して、二〇〇八（平成二〇）年に開館したばかりの新しくきれいな内装を持っている。常設・企画の展示室を持ち、かなり充実した区内資料を持つ図書室（体験展示コーナーもその中にある）以外には、新しいわりに他の機能には欠けている。受付に刊行物が並んでいるだけで、ミュージアムショップとは言い難い。ミュージアムレストランももちろんない。何より問題なのは『常設展示図録』がないことであろう。先に述べた目黒区発行のホッチキス止め小冊子（「歴史を訪ねて」「目黒の地名」など）があるだけである。せっかく新しく作ったわりに、立地条件も含めて二三区の中でも貧弱なミュージアムの一つであろう。入館料は無料であるが、来館者は稀である。

富士塚と目黒不動

ともあれ先の小冊子を参考に、目黒区の歴史的個性を表しているような展示を見ていこう。展示は「大昔の目黒」「古代の目黒・中世の目黒」「近世・江戸の目黒」「道具にみる目黒」、近代以降の「目黒の歩み」と時代順に並ぶ歴史民俗順の展示であるが、テーマ展示もある。

現在の目黒区は、古代、武蔵国荏原郡に属した。展示パネルによれば古代の荏原郡は、現在の目黒区の他、千代田区、港区、品川区、新宿区、渋谷区、大田区、世田谷区の一部にまたがる範囲であった。目黒という地名の由来はいくつかあるが、「馬畔説《めぐろ》」が有力である。「め」は馬の意味、「くろ」は畦《あぜ》の意味である。古代の東国には馬の牧場が各地にあった。先に触れた小冊子「目黒の地名」では、「牧場を管理している人は、畦道を通って馬を見回り、その畦道の中を自分の縄張りとしていたのである」と書かれている。しかし畦《くろ》とは田んぼの畦《あぜ》であり、田んぼの畦で牧場を区画することは困難であろう。そんな所に馬を放牧すれば田んぼは踏み荒らされてしまう。その点で筆者は納得がいかないが、これ以上の詮索はできない。

中世には、目黒地区には目黒氏、碑文谷地区には碑文谷氏という武士勢力が存在したことが確認できる。鎌倉幕府の公式記録『吾妻鏡』には、一一九〇（建久元）年に源頼朝の率いる武士の中に、「目黒弥五郎」という人物が記されているが、これが「目黒」という名前が史料にあらわれる最も古い例であるという。展示パネルによれば目黒氏はその後、一四四四（文安元）年に奥州に下り、以後、伊達家に仕えたという。戦国時代にこの地は小田原北条氏の傘下となる。

このミュージアムの最大の特色は、目黒にあった富士塚の内部（胎内洞穴）を復元するという極めて珍しいテーマ展示をもつことである。もちろん富士講や富士塚は江戸の各地にあり、他の多くの区立ミュージアムにも展示されている。富士登山を目的に民間で講を組織し、白装束で金剛杖をつき六根清浄を唱えながら集団で富士に登拝するのが富士講である。それは「江戸八百八講」といわれるほどに隆盛を極めた。しかし富士登山は容易な道のりではなく、経済的にも負担が多い。そこで近所に富士をか

富士塚の内部の胎内洞穴

たどった築山をつくり、本物の富士に行かなくともそこに登って富士を拝むことが考えられた。それが富士塚である。柳田国男によれば、富士塚のみならず、他の山に見立てた塚（浅間塚、茶臼塚、飯盛塚など）が、かつては関八州には非常に多かったという（『武蔵野の昔』）。信仰までも「安直化」するところが面白い。とはいえ富士塚は、はるばる富士の麓から溶岩を運び、かなりの高さをもつそれなりの構築物である。都内数十カ所に造られたが、今日、元の姿を止めているものは少ない。各所の富士塚に興味のある人は、有坂蓉子の『ご近所富士山の「謎」』という富士塚散策のガイドを参照されたい。

江戸のあちこちにあった富士塚のなかでも、とりわけ有名なのが目黒の二カ所の富士塚である。もともと目黒は江戸庶民にとって台地の上から遠く富士山を眺める格好の景勝地であった。歌川広重も「名所江戸百景」のなかで、手前に富士塚を配し遠景に本物の富士を望む二枚の浮世絵を美しく描いている。「目黒元不二（元富士）」と「目黒新富士」である。ミュージアムはこの二枚の浮世絵を展示している。じっくり見ていだこう。元富士は現在の上目黒一丁目、その後に造られた新富士は現在の中目黒二丁目にあった。この新富士は択捉《エトロフ》探検で知られる近藤重蔵が自らの屋敷地のなかに築いたものであり、近藤富士とも呼ばれた。

前置きが長くなったが、問題の富士塚内部である。

本物の富士山の麓には胎内洞穴があり、登山した富士講の人々は、帰路にその胎内洞穴にも入った。身の穢れを払うことができると信じ、またその時たすきとして掛けていた白木綿の布を、産婦の腹帯として安産を願うことができたからである。この「胎内くぐり」のご利益を願って、胎内洞穴を富士塚の内部にもわざわざ造ろうとしたのである。もっとも穴の入り口を表現しただけであって、実際に人が入れる胎内洞穴はこれまで発見されていなかった。ところが一九九一（平成三）年に「目黒新富士」の隣接地で胎内洞穴が発見されたのである。そこには祠《ほこら》や地下ホール、富士講の笠印や本尊の大日如来象まであった。このミュージアムはその胎内洞穴の内部を復元展示してある。どこにもないこのミュージアムの目玉展示である。

しかし目黒区の歴史的個性は目黒不動をもって第一とする。平安時代に慈覚大師の創建と伝えられる泰叡山瀧泉寺（目黒不動）は、江戸初期に焼失したが、その後三代将軍家光によって再建され、以来、将軍家の保護を受けるようになった。以下の話が伝わっている。家光が鷹狩りの際、可愛がっていた鷹が行方不明になるが、目黒不動の僧に祈らせたところ無事に戻ったという。「願いをかなえる」という効果が抜群だと庶民に信じられたことがこの不動の最大の売りであったろう。江戸庶民は様々な願いをもって、このお不動様に押しかけた。しかも近くには台地上から富士や夕日など様々な景観を楽しむことのできる景勝地もあった。加えて湯島天神、谷中感応寺（現天王寺）とともに「江戸の三富」といわれた官許の富くじがその境内で行われ、多くの江戸庶民がここで一時の夢を見、願いをかけた。江戸庶民の富くじへの熱狂はすさまじかったという。

さらに言えば、行人坂《ぎょうにんざか》から目黒不動門前まで料理屋や土産物屋がぎっしりと建ち並び、特産のタケノコ料理を賞味し、名物の餅花や粟餅、目黒飴を土産に買うことができた。餅花とは木の枝に小さくまるめた五色の餅をつけたものである。目黒飴は桐屋が有名であり、『江戸名所図会』にはその繁栄が描かれている。目黒には遊廓が無かったので、目黒詣でを終えた江戸っ子にとって、近くの品川宿の遊廓はそう簡単には素通りできないほど遊び心をそそる「難所」であった。

餅花を　提げて難所へ　さしかかり

という川柳が残る。江戸には目赤、目白、目黄、目青不動（五眼不動ないし五色不動）もあったが、この目黒不動が浅草寺の浅草観音と並ぶ庶民信仰のメッカとして、また庶民の「信仰と娯楽の二本立」の名所として賑わったのである。ミュージアムは目黒不動をパネル一枚で簡単に紹介しているが、門前の賑わいも含めたジオラマ模型などによる詳細な展示が欲しいところである。今日、目黒不動の門前は往時の賑わいをほとんど残していない。

「庶民の願い」が集まる地

先にも触れたが目黒区の名産はタケノコであった。目黒のタケノコは、寛政年間（一七八九〜一八〇一年）に薩摩の孟宗竹が戸越村（現品川区）に伝来し、その後、現目黒区の碑文谷《ひもんや》村や衾《ふすま》村に広がったといわれる。農家にとって重要な農産物となり、明治初期には、練馬の大根、千住のネギと並ぶ目黒の特産物に挙げられている。目黒のタケノコが広く知れ渡ったのは、先に触れた目黒不動前の料亭であった。角伊勢、内田屋、大黒屋などの店が「名物筍飯《たけのこめし》」を供して客を呼び、江戸期のみならず明治期にも庶民の人気を博した。このミュージアムでは目黒不動に比べ、タケノコ関係の展示は多い。「目

目黒のたけのこコーナー

黒のタケノコ」や「目黒式タケノコ栽培法の作業と道具」というパネルで説明する他、その道具の現物がいくつか展示されている。「目黒式栽培法」とは、地表に出た竹の根の中から良い根だけを埋め戻して肥料を施す「根埋《ねいけ》」という手間のかかる独特の方法である。これにより「太く、柔らかく、おいしい」と三拍子そろったタケノコになったという。その最盛期は大正時代であったが、同時にその衰退がはじまる。同じ大正時代の関東大震災を機に、この地は段々と切り開かれ、鉄道が敷かれて宅地化していった。かつての広大な竹林は、今や「すずめのお宿緑地公園」などにわずかに残るだけとなった。目黒のタケノコも忘れられようとしている。

目黒なる　筍飯も　昔かな

高浜虚子はこの句を残して忘れられつつあるタケノコを惜しんだ。このミュージアムに、筍飯のみならず、かつての名物であった餅花や目黒飴を、さらにはサンマ料理も加え、さらに洗練した形で出す、ミュージアムレストランやミュージアムショップがあってもよいだろう。創作タケノコ料理やサンマ料理のコンテストを主催するのもよい。

近代以降、目黒区の歴史的個性を表すものとして、競馬場の存在を忘れるわけにはいかない。もともと目黒は前述のように、馬と関係する土地であった。日露戦争において、ロシアのコサック騎兵の馬に対して日本の馬の能力が著しく劣っていたことを痛感した明治政府は、軍馬の改良と増産を目指し、競馬を奨励した。いくつかの地で競馬場が作られたが、一九〇七（明治四〇）年に目黒に競馬場が設立される。既にない目黒不動の富くじにかわり、庶民の願いは競馬に向かい、競馬熱は盛り上がった。しかし風紀の乱れと社会の混乱を恐れた政府は、早くも翌年に馬券の発売を中止してしまう。単なる馬の競争だけで誰が喜ぼう、各地の競馬場は閑古鳥が鳴く始末であった。明治四三年に東京周辺の六つの競馬場が　合併して目黒競馬場だけとなった（川崎、板橋、池上などの競馬場は廃止）。それでも沈滞ムードは変わらず、ついに政府は一九二三（大正一二）年に「競馬法」を制定し、馬券発売を認める。こうして目黒競馬場は再び活気を取り戻した。一九三二（昭和七）年に第一回日本ダービーがこの地で行われた。しかし押し寄せる宅地化の波には勝てず、翌年の第二回日本ダービー開催を機に、現在も東京競馬場がある府中に移転したのである。

なおこのミュージアムには、二カ所の野外展示があり、石臼、境界石、五輪塔、馬頭観音や道標《みちしるべ》などの石造物が展示されている。この地には庚申信仰や地蔵信仰もかつて盛んであったが、それらはない。

一九三二（昭和七）年、東京府荏原郡の目黒町と碑衾町が合併し、目黒区が誕生した。二つの町が合併する場合、どちらか一方の名前を名乗るのは稀であり、新しい地名を考えるのが普通である。実際に命名の際には混乱があった。碑衾町というのは碑文谷村と衾村が以前に合併したものであったが、どちらも珍しく興味深い地名である。しかし目黒という名前が歴史的にもインパクトがよほど強かったのであろう。

ところで話は飛ぶが、近年、いくつかのメディアで東京の「住みたい街」という調査が行われているが、どの調査でも吉祥寺（武蔵野市）、下北沢（世田谷区）と並んで、目黒区の自由が丘の人気が高い。ベストテンには他にも、目黒区内の目黒駅周辺、中目黒、さらには目黒区に接する代官山や恵比寿がよく挙げられる。代官山や恵比寿は渋谷区ではあるが、雰囲気としては渋谷より目黒圏内といって良い。ベストテンのうち半数が目黒区とその近辺にあると言ってよいだろう。それだけ市民の住みたいという「願い」の地であるといえよう。富士塚に洞穴まで精巧に作って願いを込め、お不動様に願いを祈り、富くじや競馬に願いをかけた、江戸期のみならず近代にいたる「庶民の願い」が現代までこの地に脈々と流れているといっても過言ではないだろう。落語のサンマは「庶民の目線」というものを強調している。このように見てくるならば、目黒区の個性とは、まさに「庶民が願いを込める区」「庶民の願いが込められた区」であると言えよう。

17 大田区立郷土博物館

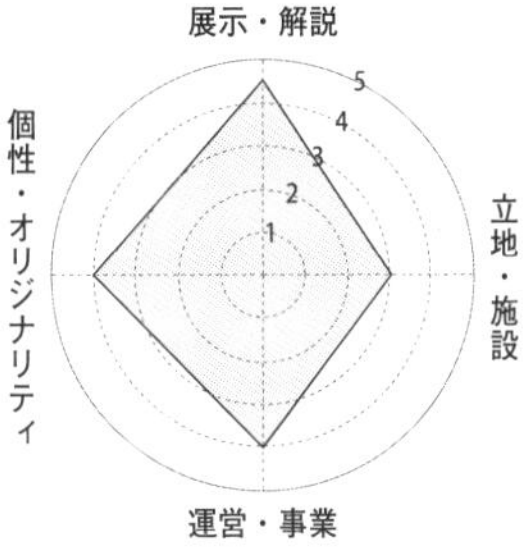

総合　★★★

〒143-0025 大田区南馬込 5-11-13

03-3777-1070

［開館時間］
9：00 ～ 17：00
［休館日］
毎週月曜日（祝日は開館）、年末年始
（12 月 29 日～ 1 月 3 日）

無料

常設展示図録なし

日蓮は極めて特異な仏教者であった。数ある教典の中で、生前の釈迦が最後に説いたと彼が信じた法華経のみを正当として、他の諸経を否定する法華経至上主義をとり、その結果、みずからの宗派のみを正当として、他の宗派を激しく否定した。最も戦闘的な攻撃は法然の浄土宗に向けられた。通常は諸経の併存と信仰の共存を認めるのが一般的な仏教のあり方であろう。さらに日蓮の特異なところは、仏教者の中では稀なほどに、現実社会に対する積極的・実践的な働きかけを行おうとした。例えば浄土宗系の仏教は現実社会を「穢土《えど》」として否定し、彼岸の「浄土」に往生することを願ったのに対して、日蓮は、現実社会そのもの救済のためにアクションをおこした。その意志が現代にいたるまで、創価学会な

ど日蓮宗系の積極的な政治参加に現れている。それも彼が当時経験した大地震、打ち続く飢饉と疫病、後には蒙古襲来というあまりに悲惨な現実があったからであろう。仏教による現実社会の変革を志したという点で、その善し悪しはともあれ、日蓮はおそらく日本史上、最大の仏教変革者であり、仏教に対して「創意と工夫」を彼ほど加えた人はいなかったといえよう。

その日蓮は後年、甲斐国身延山《みのぶざん》に隠棲し、そこから日蓮宗の信仰の拡大と深化を指導した。しかし身延の寒冷陰湿な環境にその身体を徐々に蝕まれ「やせやまい」に悩まされるようになる。一二八二（弘安五）年、病身を癒すため常陸の温泉地に向かうが、途中、日蓮の有力信者である池上宗仲の館にとどまり、しばらく後この地で没した。六一歳であった。この地こそ、現在の大田区池上である。その地には日蓮のために池上宗仲が創建した日蓮宗大本山・池上本門寺が建つ。大田区が持つ歴史的個性といってよい。

そんなことを考えながら大田区立郷土博物館に向かった。そこは、地下鉄浅草線西馬込駅で下車、徒歩約一〇分を要し、住宅地のなかにあって立地条件は良くない。三階建ての立派な建物であり、入場料は無料である。二、三階にある常設展示室は広いが、他にビデオコーナーがあるだけで、レストランはもちろん他の施設はほとんど何もない。受付前には刊行物展示コーナーがあるだけである。企画展示室もなく、企画展等には常設展示室の一部を模様替えして使用するという。さらに問題なのは『常設展示図録』がない点である。そのかわりにテーマごとのハンディなガイドブックと膨大な「解説シート」があり、一五〇枚にものぼるシートをまとめて『博物館シート』という名で冊子化され売られている。一六〇〇円とやや高いが、展示にないものまで多く記されて知的好奇心を満たしてくれる。

展示は大田区の個性をよく表しているテーマを選択・設定したものでビジュアルであり、大きなジオラマ模型はないが多くの小型模型を使っており、「地中の歴史とモース」「水をめぐるふるさとの暮し」「昔の道具・海苔養殖・大田のモノづくり・戦争と暮らし」「馬込文士村」という四つのテーマに大別されている。

展示室の冒頭を飾るのが「大森貝塚の発見――E・S・モースの業績」である。大森貝塚の発掘をもって日本考古学の発祥とするが、大森貝塚については既に品川区の章で記したように、発掘地点は現大田区ではなく現品川区である。しかしこの貝塚が後の行政区画とは別に、大田区から品川区にかけて連続しているものであり、「大森」という地名が使用されている点で大田区が取り上げてもよいが、「日本考古学発祥地」という歴史的個性は大田区のものではなく、品川区のものである。そのことはここでの展示解説にもきちんと記されている。モースの業績の紹介とともに、モースがかつて館長を勤めたアメリカ最古の博物館といわれるピーボディ博物館（現ピーボディ・エセックス博物館）と、当館が姉妹博物館提携を結んでいることが示されている。

続いて区内の考古学上の出土遺物が多様に展示されており、当館の展示の中では最大の面積を占めている。大田区は多摩川下流域に「田園調布古墳群」などの数多くの古代遺跡が存在している地域であり、二三区の中では最大の遺跡集積地である。そのことが大田区の特徴であり、このコーナーの充実につながっているといえよう。

それとの関連で『日本書紀』の安閑天皇元（五三四）年の条に記された「武蔵国造《くにのみやつこ》の乱」に関する展示がある。「国造」とは律令制以前の世襲地方官であるが、この「乱」は、武蔵国造の笠原直使主《かさはらのあたいおみ》と同族の小杵《おき》が国造の地位を争い、「高慢な」小杵が現群馬県の上毛野君小熊の援助を得て使主殺害を図るが、使主はヤマト政権に訴え、小杵がヤマト政権により征伐されたという出来事である。使主の本拠地が現埼玉県の埼玉《さきたま》古墳群であるのに対して、小杵の本拠地が現大田区の「田園調布古墳群」を含む「荏原台古墳群」(大田区から世田谷区まで続いている)であったと推定されている。

〈現群馬県勢力+現東京都勢力〉VS〈現埼玉県勢力+ヤマト政権〉

という対立図式であった。『日本書紀』には簡単な文章しか残されていないが、後の平将門の乱にも匹敵する関東平野全体を舞台とした壮大な物語として、想像を膨らますことができる。

大田区の歴史的個性をよく表しているのは、第二の展示である「水をめぐるふるさとの暮し」に関する展示である。この展示室の正面に「大田区の獅子舞」というタイトルの下、「大森厳正寺水止舞」という三匹獅子舞の実物大の人形が展示してある。このミュージアムのメイン展示の一つであろう。展示解説によれば、永享年間(一四二九~四一)に、雨乞いのため厳正寺の法密上人が藁の竜頭を海に放ったところめでたく雨が降りだしたが、逆にその雨がいっこうに止まないため、上人は三体の獅子頭を作り舞わせたところ、にわかに晴れるという不思議を見せた。そこから「水止めの舞」ないし「水止舞《すいしまい》」と呼ばれ、以来、この獅子舞は盆の七月一四日に毎年行われるようになったという。東京都の無形民俗文化財に指定されている。一人立ちの三匹獅子舞そのものは関東地方に広く分布し、どちらかといえば、通常は雨乞いのために舞われるものであるが、ここの獅子舞はむしろ雨止めのために舞われる点が特徴的である。

もう一つの興味深い展示は、幅七メートルにも及ぶ巨大な「六郷とんび凧《たこ》」である。正月の風物詩で

六郷とんび凧と厳正寺水止舞の獅子

ある凧挙げの凧は、一般的に角凧や奴凧の形をしているが、この凧はとんびの形をした凧で、それが空に舞う時、本物のとんびと見まがうばかりだという。それが作られた由来は、かつて六郷川（多摩川の下流部）で獲った魚を河原に並べて干していたところ、カラスの群れに荒らされて困ったが、とんび凧を揚げたところ、カラスが逃げまわったところから作られるようになった、という伝承が残る。とんび凧は、古代以来の凧の歴史のなかでも古くからある形で、六郷以外にも茨城県、千葉県、静岡県などにあるが、現在あるのは奴凧の形をした平面の絵凧で、とんびの絵が書いてあるに過ぎない。これに対して六郷のそれはより立体的であり、とんびの実際の形にこだわったものであるという特徴を持つ。こうしたとんび凧は江戸期には一般的であったが、江戸後期に奴凧に取って代わられていった。六郷のとんび凧は、江戸のとんび凧の伝統を引き継いだものといえる。その凧つくりの最盛期は明治末から大正始め頃といわれるが、全国各地に販売され、大正末頃には英米仏など、海外にも輸出されたという。第二次大戦中には途絶えてしまったが、近年、地元有志により復活し、凧揚げ会が行われている。

麦わら細工と海苔

二三区の他の近郊農村が江戸期以来のものであったのに対して、現大田区が近郊農村としての性格を持ってくるのは、東京に農産物を供給する明治中頃からであった。そのために多種の野菜を産したが、とりわけこの地の独特な野菜があった。それが「馬込半白」と呼ばれる白いキュウリであった。茎に近い部分だけが淡い緑色で、全体的に果皮が白いという珍しいものであり、ぬか漬けに適したキュウリとして好評を得た馬込の特産品である。現大田区では、明治初期に砂村（現江東区）から種を入手してキュウリ生産が始まったが、偶然に淡緑の変種が見つかり、それを改良して作ったものであった。その最盛期は第二次世界大戦前までであり、昭和三〇年代を過ぎて生産は止んだ（日持ち悪く、収穫時期が短期間という欠点を持つ）。日本のいくつかの地域では今もこの半白が作られているが、大田区では一部の伝統保存を志す人が作っているに過ぎない。写真や模型を含め、関連するいくつかの資料が展示されていて興味を引く。

第三の展示テーマである「昔の道具・海苔養殖・太田のモノづくり・戦争と暮らし」のなかにも、大田区の歴史的個性を示す興味深いものがいくつかある。その一つが大森名産「麦わら細工」である。それは、野趣にとんだ粗雑なものではなく、色とりどりに染めた麦わらを使う精巧なものであり、一種の工芸品といってよいだろう。麦わらを動物の姿に編み込む「編み細工」と、木箱に麦わらを縞状や絵模様状に張る「張り細工」の二種があり、全国的にも珍しい。東海道を行き来する旅人の土産物として親しまれ、「大森細工」とも呼ばれた。

大森麦わら「編み細工」「張り細工」

麦わらといえば麦わら帽子を連想する年代の人も多いだろう。筆者の子どもの頃は、夏になるとほとんどの子どもたちが被っていた。その麦わら帽子の発祥の地が、実はこの大田区である。大森の「編み細工」の伝統を踏まえたものであろう。明治初期に、横浜の外国人が被っていた夏帽子を見て、麦わらから帽子の材料を作ることが考案された。その麦わら材料は、真田紐の連想から「麦稈真田《ばっかんさなだ》」と名付けられ、それを使って帽子の生産販売が行われるようになった。なお麦稈とは麦わらという意味である。麦わら帽子は注目され、その生産は各地に広まり、この地では作られなくなった。しかし発祥の地であることは、記憶に留められておくべきであろう。この懐かしい帽子の実物が展示されていないのが残念である。

麦わら細工と並んで現大田区の特産は海苔であった（ちなみに江戸期、東海道を往来する人々にとって、大森の三大名物は麦わら細工・海苔とならんで道中常備薬の「和中散」があった）。大田区の数多い特徴的テーマの中で、当館の「解説シート」集一五〇枚のうち二七枚を海苔関係に当てているほどである。江戸湾岸一帯に海苔が生産されたとはいえ、最大の本場は現大田区であったろう。古代以来、日本各地で食されてきた海苔は、江戸初期まではどこでも天然海苔の採集であったが、その後、本格的な養殖が始まる。当初養殖が許されたのは、現品川区及び現大田区の沿岸であった。後に養殖は現江戸川区やそれに続く千葉県沿岸にも広がっていく。しかし品川・太田区沿岸の海苔は「本場物《ほんばもの》」として格付けされた。将軍家、上野寛永寺、徳川御三家へ納めた特別の海苔を「御前海苔」というが、その供給地は品川・大田区の沿岸であった。その後もこの地域の海苔は、第二次世界大戦前まで、日本一の品質と生産量を誇った。しかし埋め立てや港湾整備により一九六二（昭和三七）年、漁業権が放棄され、三〇〇年に及ぶ海苔養殖は終焉した。海苔づくりは様々な浮世絵にも描かれているが、それら浮世絵や多くの関連模型を含めてリアルに展示してある。ついでながら海苔に関しては関連資料があまりに多く、この館のみでは展示するスペースが小さくて、大田区は新たに「大森　海苔のふるさと館」を創設している。

創意・工夫の町

以上のように、現大田区は様々な物を創意工夫しながら生み出してきた。現代においてもこの区を特徴づけているのが、「ものづくりのまち」「テクノポリス」としての大田区である。機械・金属の加工製造業において、大田区は西の東大阪市と並んで、最も工業集積の密度が高く、日本のリーディング産業である電気、自動車産業を支える基礎的・先端的機能を担っているのである。そのほとんどが従業員三〇人以下（三人以下が五割に近い）の零細企業、いわゆる「町工場」であるが、その工場でしか出来ない特別な技術（「特化技術」）を持つものが多く、オンリーワン技術を売り物にしている工場が多い点が特徴である。しかも機械・金属の加工製造に必要なあらゆる業種の企業が存在し、そのネットワークの度合いは他地域に比べて格段に高密度に結ばれている（「フルセット型高度工業集積」）。まさに「ナショナルテクノポリス」となっている。とはいえ近年のデフレや円高による経済の低迷のなか、低価格化や発注量の減少によって厳しい時代が到来していることは事実であり、大田区の伝統である創意工夫がますます発揮されることが期待される。

最後のテーマが「馬込文士村」である。加藤周一『日本文学史序説（上）』によれば、日本文学の特徴の一つは、古代以来、作家が中央都市に集中した点にあるが、近代以降も、作家達は東京に集中した。その中にも、いくつかの作家集中地域があり、後に「文士村」と呼ばれた。著名なのは、北区の田端文士村と大田区の馬込文士村である。もちろん「馬込文士村」という地名が存在したものではないが、大正末から昭和初めをピークに、大田区の馬込から山王にかけての地域に、多くの小説家・詩人・画家・彫刻家などが住んだため、いつとはなく呼ばれるようになったものである。特に一九二三（大正一二）年に、尾崎士郎・宇野千代夫妻が新居をかまえてから、多くの文士たちが馬込にやってきた。時事新報記者で後に小説家となった文士村住人・榊山潤《さかきやまじゅん》が、一九七〇（昭和四五）年に『馬込文士村』を著し、以後、この言葉が定着した。そこには萩原朔太郎、室生犀星、広津和郎、子母沢寛、川端康成、三好達治、石坂洋次郎、山本周五郎、和辻哲郎などの著名な作家・学者のみならず、小林古径、川端龍子、川瀬巴水、伊東深水などの著名画家たちも集まっていた。展示の中で面白かったのは、詩人で作詞家の佐藤惣之助である。「赤城の子守歌」や「湖畔の宿」、また尾崎士郎にちなんだ「人生劇場」（作曲・古賀政男）の作詩も手がけているが、阪神タイガースの歌である「六甲おろし」も彼の作詩であることを知った。彼らに関する展示についてはここで紹介しうるものではなく、来館してじっくり見ていただきたい。また『馬込文士村散策マップ』も用意され、いくつかの散策コースが記されている。

大田区は一九四七（昭和二二）年にそれまでの大森区と蒲田区が合併して誕生した。二つの区の一字ずつをとって命名したのである。当初なかなかまとまらず、苦肉の策の安易な命名であった。とはいえ大田区は、仏教に「創意・工夫」を加えた日蓮を源流として、麦わら細工や麦わら帽子を「創意・工夫」し、半白キュウリや海苔養殖を「創意・工夫」し、近代にいたっても、工業に様々な「創意・工夫」をしながら日本一ともいえるテクノポリスを生み出し、また蒲田において日本の映画産業を、また日本の高級住宅地の最大のシンボルとも言える田園調布をも「創意・工夫」をしてつくり出した。他方、この区は、「創意・工夫」を糧とする作家・芸術家の集積地ともなった。まさに大田区の個性とは「創意と工夫の区」であるといえよう。

城西エリア

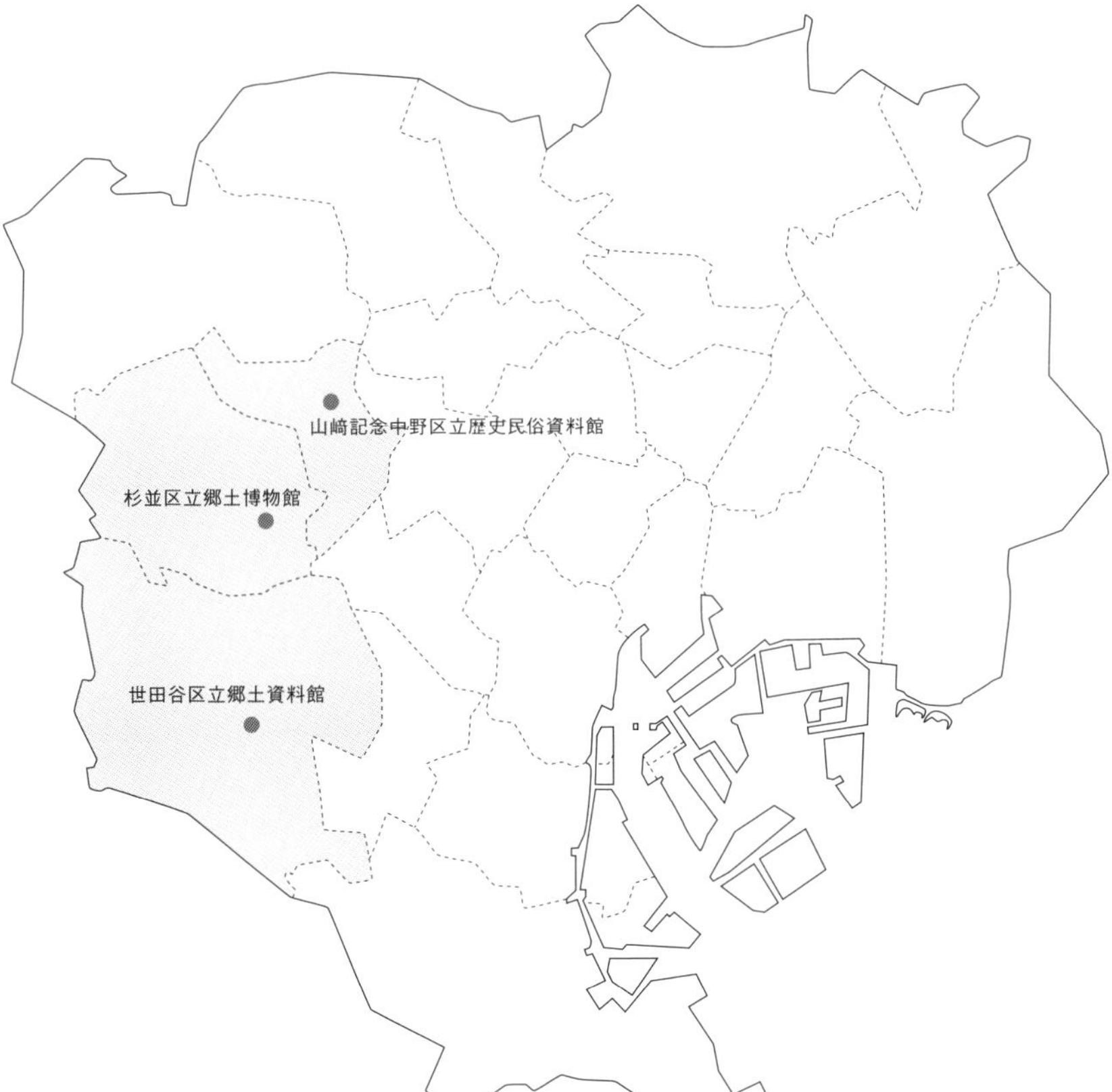
山﨑記念中野区立歴史民俗資料館
杉並区立郷土博物館
世田谷区立郷土資料館

18 世田谷区立郷土資料館

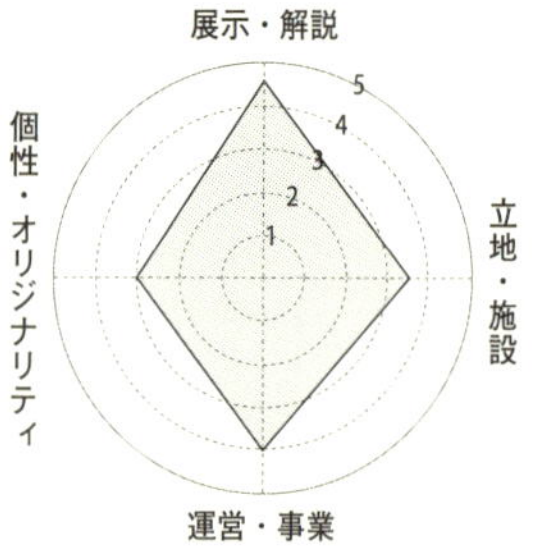

総合　★★★

〒154-0017 世田谷区世田谷 1-29-18

03-3429-4237

［開館時間］
9：00 ～ 17：00（入館は 16：30 まで）
［休館日］
毎週月曜日、国民の祝日（その日が月曜日の場合は翌火曜日も休館）、年末年始（12 月 29 日～ 1 月 3 日）

無料

常設展示図録品切中

江戸期の世田谷領に一人の興味深い人物がいた。今では忘れられているが、当時は儒学者・詩人として四方に高名を轟かせた小町雄八（その出身地は現狛江市であるが当時は世田谷領）である。貧農出身の彼は、若い頃に博打場に出入りするなど不行跡を重ね、ついには、盗品売買の露顕により江戸に逃走した経験を持つ。当時江戸で、最も高名な儒学者・詩人の一人であった亀田鵬斎《ほうさい》の家に「飯炊き奉公」に上がり、かたわら学問を学んだのだろう。かつての不良が、後に人倫の道を説いた『自修編』を書いたところが面白い。不良であったからこそ書くことができたという一面もあろう。領主の井伊直亮に認められ、褒美を賜ったという。

その縁から世田谷区立郷土資料館は、『江戸の文人交遊録――亀田鵬斎とその仲間たち』というすばらしい図録を持つ。二三区のミュージアムがもつ図録の中でも、おそらくは最も優れた図録の一つであろう。そこに収録された当時の多くの江戸文人たちの書や画は、解説とともに眺めることに、飽きることがない。これらはあの悪役俳優（との印象が筆者には強い）で文人の渥美國泰がみずからのコレクションを当ミュージアムに寄託したものだという。

江戸文化の最盛期は文化・文政の時代であり、この時代の江戸文人の中心の一人が亀田鵬斎である。彼は、それまで「江戸詩壇に君臨していた詩の格調を重んじる」荻生徂徠、服部南郭以来の潮流を徹底的に批判し、「自由詩運動ともいうべき清新流麗」を尊び、江戸の詩壇を一変させた。他方、学問においても松平定信の寛政の改革による学問の自由に対する弾圧に屈せず、「異学の五鬼」の一人となる。その反骨に江戸の人々は密かに喝采を送った。

また彼は酒をこよなく愛した。「人間、酔時は醒時に勝る（人間は醒めているよりも酔っているほうが余程良い）」として「今日も飲むべし明日も飲むべし」と書く。しかし単なる「放酒放達」ではなく、鵬斎にとって「酔」とは「世俗に拘わるあらゆる雑念から解き放たれた『無』の境地に在る状態」、「人間社会の束縛から解放された絶対的精神の自由」を意味した。それはまさに荘子の世界であった。もっとも鵬斎のみならず、芭蕉以来、江戸文人の思想的バックボーンは荘子の思想であったのだが。

鵬斎の周りには、詩人や学者のみならず、書家、画家、戯作者など、様々な分野の能力豊かな才人が集った。江戸詩壇の中心であった大窪詩仏（なお、詩仏を中心に市川寛斎、菊地五山、柏木如亭は詩壇の「江戸四家」と称せられた）、江戸文壇の中心である大田南畝、江戸画壇の頂点に君臨した谷文晁、

八百善の宴席

江戸琳派の中心である酒井抱一など多彩であり、「幕末の三筆」の一人である巻菱湖は鵬斎に学び、森鴎外がその大著に記した儒学者『北条霞亭』は鵬斎宅に住んだ愛弟子であった。こうした多くの文人たちは、当時、「文人サロン」というべきものを作り、その技芸を媒介にして交遊したのである。この図録の表紙には面白い画が採られている。江戸一の高級料亭「八百善」の主人・栗山善四郎が『江戸流行料理通初編』という本を上梓したが、この本には同店を贔屓にしていた江戸の文人たちが、序文や挿絵を提供した。その中に「江戸一目図《えどひとめず》」で有名な鍬形蕙斎《くわがたけいさい》が描いた挿絵がある。その絵がこの図録の表紙を飾る。それは八百善二階座敷で四人の人物が酒宴を開いている所を描いたものであり、向かって奥中央に鵬斎、左に詩仏、右に南畝、手前中央に作者の蕙斎（以前は抱一と解されていた）である。各人の表情がことに面白い。

　蛇足ながら蕙斎に多少触れたい。中野三敏に『江戸文化評判記』という面白い本がある。その中で三敏先生、「蕙斎好きの北斎嫌い」という言葉を紹介し、「北斎は蕙斎の真似ばかり」で、より精密に描いたが「俗に堕し」「品格において蕙斎に劣ること数段」とまで世界の画人・北斎を酷評した。余裕を持った文人の眼であろうか、ただのへそまがりなのか。将来、蕙斎の再評価が大々的におこるかもしれない。

世田谷区史に現れる思わぬ名前

さてその世田谷区立郷土資料館は、京王線の下高井戸と田園都市線の三軒茶屋を結ぶ東急世田谷線の上町《かみまち》駅で下車し、駅からおよそ徒歩五分のところにある。世田谷区は歴史的にも多様な地域からなり、区全体に人口が散らばり、必ずしも区全体の中心があるわけではない。上町駅は区のほぼ中央にあるとはいえ小さな駅であり、多くの人びとが集まるような地ではなく、立地条件はそれほど良いとはいえない。

資料館は、かつての世田谷代官屋敷の敷地内にあり、二三区の博物館の中では規模は大きく、常設展示室の他、企画展示室、ビデオブース や図書閲覧コーナー、集会室もある。常設展示は、小型ではあるが多くのジオラマ模型を随所に設置して充実しているとともに、常設展示図録『世田谷区の歴史と文化』は一〇〇〇円と高額だが豊富な内容を持つ（残念ながら今は品切れとなっているが、まもなく改訂版が出ると聞く）。しかし図書閲覧コーナーはフロアの中央部にあり、暗くて、ゆっくりと本や資料を読む雰囲気ではない。展示は、典型的な歴史順の学校教育型展示がメインであり、世田谷区の個性を浮かび上がらせるような展示に薄い。古い型の博物館の例にもれず、ミュージアムレストランもミュージアムショップもなく、受付付近に刊行図書の見本が置いてあるだけである。

常設展示図録を参照しながら、多少とも世田谷区の個性的事物を表していると思われる展示を見てみ

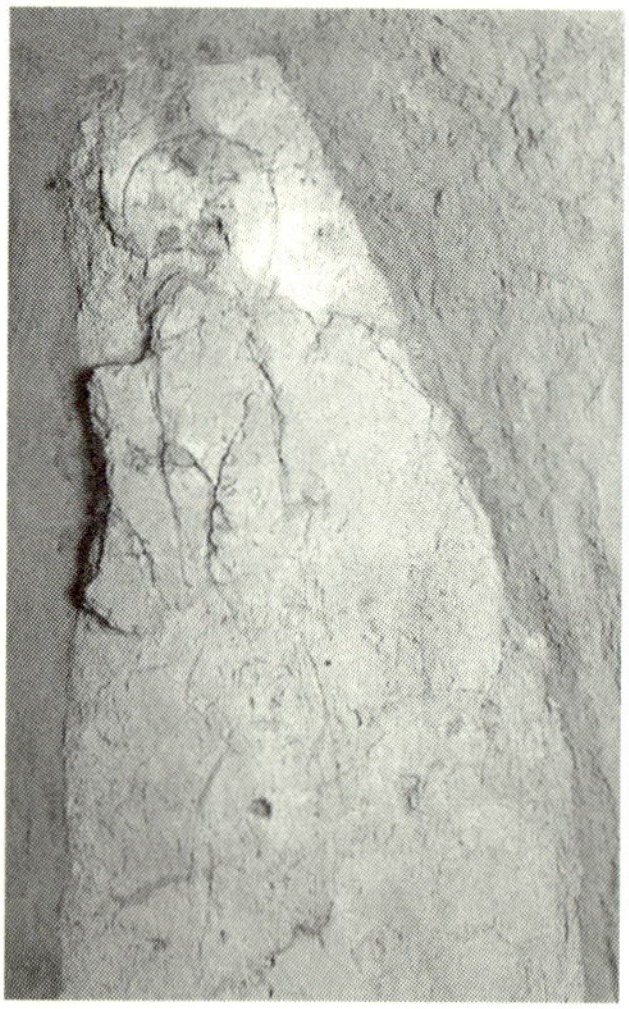
線刻画

よう。大田区から連なる多摩川沿いは、二三区の中でも古代遺跡の密集地であり、このミュージアムには古代遺跡の展示が多い。そうした中に興味深い展示がある。古代の絵である線刻画である。七世紀末から八世紀初頭に作られたと推定される横穴墓の玄室（死者を埋葬する部屋）の奥壁に、人物二人、動物、魚、竹籠などと思われる絵が描かれている。線刻画は当時の葬送観念や葬送習俗を表していると見られ、世田谷区からのみ発見されたものではないが、希少なものであることには変わらない。二三区内では唯一のものという。

古代律令制下では、現世田谷区は武蔵国の多摩郡に属し、荏原郡の一部も含んでいた。中世に入り鎌倉時代にこの地を領したのは、江戸氏の一族である木田見《きたみ》氏である（現世田谷区の喜多見一帯）。古代以来の名族・江戸氏は室町期に無残なほどに零落した後、その江戸氏の末裔が江戸時代に二万石の大名となって喜多見一帯に住み、喜多見《きたみ》氏と名乗るが、それは木田見氏とは別系統の江戸氏の末裔であった。

室町時代にこの地を支配したのは吉良氏である。あの赤穂事件の敵役・吉良上野介の吉良氏の一族である。吉良という名がこの地に出てくることが驚きであった。もともと吉良氏は、清和源氏・足利氏の支族で三河国の吉良庄より興った名家である。後にこの地を支配した世田谷吉良氏は、本家の吉良氏の庶流である。庶流とはいえ足利将軍の「御一家」として諸侯から一目置かれる特異な存在であったといわれる。その後、関東全域に勢力を拡大した小田原北条氏も、世田谷吉良氏が将軍足利家の一族であることを重視し、滅ぼすことなく娘を嫁がせるなど平和的に懐柔している。区内には吉良氏の居館跡といわれる世田谷城跡や、展示に紹介されている吉良氏創建の寺社などが随所に存在している。

戦国時代の小田原北条氏の時代、四代氏政は一五七八（天正六）年、世田谷に宿場（世田谷新宿）を新設して、ここに楽市を開設した。この楽市が、形を変えながらも世田谷区の個性の一つである現在の「ボロ市」として存続しているのである。もともとは六斎市（月に六回行われる定期市）であったが、江戸期には歳ノ市として年末一二月一五日のみの開催となり、明治初年まで続いた。明治の新暦移行後、旧暦の年末が新暦では正月に当たることから、年末市とならんで正月市（一月一五日）も始まり、後に二日間ずつの開催となる。現在もその日は道に人があふれ、世田谷の風物詩となり、また東京都の無形民俗文化財にも指定されている。

近世においても世田谷には、安政の大獄で有名な井伊直弼の井伊氏（近江彦根藩）という思わぬ名前が出てくる。徳川家康が関東に入国すると現世田谷区のほとんどの村が直轄領になるが、寛政年間（一六二四〜一六四二年）に大幅な領主替えが行われ、現世田谷区の中心部分が井伊家の「江戸賄領《まかないりょう》」として彦根藩領に組み込まれたのである。その他の世田谷区地域も、幕府領から旗本領や増上寺領に替えられた。なお井伊家の「江戸賄領」は世田谷の他、現在の栃木県佐野市があり、佐野領が一万七六三九石に対して世田谷領は二三〇六石であった。筆者がかつて佐野市郷土博物館を訪ねた時に、思わぬ所で井伊家の名があり驚いたことがあった。井伊家の「江戸賄領」は、世田谷領より佐野領がメインであり、佐野に奉行（郡奉行にあたる）が置かれ、世田谷領にはその配下に属する世田谷代官が置かれた。その代官として代々、大場氏が就任している。大場氏の世田谷代官屋敷は現在でも残り、「大名領の代官屋敷としては都内唯一の存在」として、東京都史跡に指定され、なかでも藁葺きの屋根を持つ表門と主屋が「住宅建造物としては都内で初めて」の国指定重要文化財に指定されている。この代官屋敷の敷地内に、世田谷区立郷土資料館がある。

文人、枚挙に暇なく

このミュージアムの特徴の一つは、江戸期にこの地から輩出した多くの文人を取り上げていることである。江戸時代も後期になるにつれて、全国各地に優れた文人たちが登場してくる。全国各地に知識人を育む土壌や環境を持つ地域が出現してきたといえよう。特に世田谷地域は江戸と近く、江戸文化人との交流も盛んであり、この地に特に多くの優れた文人を生んだ。展示してあるのは、儒学・国学を学び、『古今要覧』の編纂にも参加し、多くの著書を残すとともに幕府の書物奉行に昇進した石井至穀（大蔵村）、私塾「発蒙塾」を開いて、慕い集まる門弟たちの教育にあたった齋田東野（代田村）、その息子で、当時の高名な画家である大岡雲峰に師事し、動植物の写生画を多く残した齋田雲岱、歌人として『玉川贈答百首』や『農耕百首』などの歌集を残した太田子徳、さらに冒頭で取り上げた小町雄八などである。こうした知識人の伝統が今の世田谷区に続いているといえよう。

知識人の伝統といえば、近代の世田谷区は数多くの文学者が住み活動した（している）地域である。蘆花徳富健次郎は千歳村粕谷で自然詩人として田園生活を送った。成城には柳田国男が居を構えた。民俗学者・柳田は、若い頃に田山花袋や国木田独歩らと交流を持つ新体詩人であった。成城には平塚らいてうや野上弥生子ら女流作家、北原白秋や西条八十らの国民詩人も住んだ。大江健三郎は現在もここに住み活動している。志賀直哉は新町に住み、その地で幅広い門下生の交流が繰り広げられた。奥沢には石坂洋次郎や石川達三らが住んだ。代沢に住んだ横光利一を囲んで多くの作家、編集者たちが集った。下北沢には坂口安吾が小学校の代用教員をしていた。太子堂の裏長屋では、貧乏な時代の林芙美子、壺井栄、平林たい子が執筆を競った。桜に居を構えた井上靖を囲んで杉森久英や山本健吉も世田谷区内に住んだ。「賑やかな仲間」であった安岡章太郎、吉行淳之介、遠藤周作もそれぞれが世田谷区内に住んだ。まだまだ多くの文学者たちが区内にいたのである。まさに世田谷区は「文学のまち」でもある。

世田谷区は、郷土資料館よりも立派な「世田谷文学館」を持つ。さらには日本の自治体美術館ではトップクラスの「世田谷美術館」を持つ。本来これらは区立ミュージアムとして一体的に運営されるべきものではあるが、郷土資料館は他の二館にかなり劣っている。文学館の『常設展示案内』の冒頭には、区長および館長の挨拶として、「地域の人たちと育んだ世田谷の風土を学び知ることは、いきがいのある豊かな文化のまちをつくるための出発点」であり、文学の展示のみならず、映画、音楽、演劇、朗読、創作などの「幅広い活動」を行いながら、「生き生きした交流の場」であるとともに「ダイナミックな『動く、活動できる』文学館の演出」を心がけたいとしている。その通りであるが、このことは文学館だけでなく、郷土資料館にもそのまま当てはまることであろう。新しく多様な課題は美術館や文学館におまかせし、郷土資料館のみが旧態依然の博物館のままに取り残された感がある。

既に述べたように、世田谷区には、吉良家、井伊家という思いがけない名があるが、もう一つ思いがけないものに吉田松陰という名がある。筆者も、なぜこんなところに松陰神社があるのかと不思議に思ったが、実はこの神社のある一角は、かつて長州藩の抱《かかえ》屋敷のあった所である。安政の大獄で処刑された吉田松陰は、当初、小塚原の回向院に葬られたが、一八六三（文久三）年、高杉晋作や伊藤博文らによって、その遺骨はこの地に改葬され、維新後、明治政府の中心となった松陰の門人たちが社を築き、その霊を祀った。これが松陰神社である。

歴史展示にくらべ民俗に関する展示は少ない。世田谷区に独特の民俗として興味深いものに九品仏浄真寺に伝わる「お面かぶり」がある。この寺は『江戸名所図会』にも取り上げられているこの地の名所であるが、その「お面かぶり」は、現在は三年ごとに八月一六日に行われている。信者たちが観音菩薩や勢至菩薩などの二五菩薩のお面をかぶり、本堂に渡る橋の廊下を行列で歩く行事である。暑いなかを二五の菩薩の面をかぶり歩く姿は、極めて珍しいものであろう。この行事を含む寺全体のジオラマが展示されているが、小さすぎて「お面かぶり」の行列を目を凝らして見なければ分からず、また解説文がまったくない。これでは入館者は何の展示か分からず、せっかくの興味深い民俗展示が見過ごされるであろう。この行事はこの寺独特のものでは必ずしもなく、関西では当麻寺が名高いが、都内ではここだけであろう。

また奥沢神社の祭りに、藁で巨大な大蛇を作り、それを担いで練り歩く「大蛇お練り」がある。この祭りを含む奥沢神社のジオラマと、天井に藁の大蛇が展示されているが、これも解説文が一切ない。こうした世田谷区に個性的な信仰行事は、もっと詳しく展示すべきであろう。

中心なき多様性の区

明治に入っても、世田谷地域は東京の近郊農村であったが、明治末期から、役人や軍人、大手企業の社員といった「中産階級」の人々の宅地になっていく。一九二三（大正一二）年の関東大震災以降、郊外住宅地化は加速する。郊外宅地と東京中心部を結ぶ輸送を担ったのはすべて民間企業による路線で、国鉄（のちＪＲ）の路線は一切ないのが世田谷区の特徴である。現在でも京王線、小田急線、田園都市線が、東京中心部から放射状に世田谷区内を走っている。一九三二（昭和七）年に荏原郡の四ケ町村（世田谷町、駒沢村、松沢村、玉川村）が合併し、世田谷区を作り、一九三六（昭和一一）年に北多摩郡の二ケ村（千歳村、砧村）が追加編入されて現在の区域が形成されている。諸町村は、東京中心部から放射状に走る民間鉄道の沿線ごとに都心部と結びつき、世田谷区としての一体性は必ずしも明確なものではなかった。世田谷区としての求心力をもった中心は存在しないといっていいだろう。別々に都心部と結びつく地域を、無理に一括りにしたといえよう。その意味で多様性を残したままの合併であり、世田谷区であった。

現在、世田谷区は八六万人を超え、二三区中最大の自治体である。そのまま政令指定都市となるほどの人口規模を持つ（現行法上、東京の特別区は政令都市にはなれないが）。

しかし基礎自治体としての存在感はあまりない。別々に都心部と結びついて多様な地域があるだけである。他方、歴史的に見ても、吉良氏、江戸氏、井伊氏、吉田松陰など、およそこの地は一見関わりのなさそうな関係を包摂している。世田谷区の個性を敢えて言えば、「中心をもたないほどに多様な歴史や文化を包摂した多極分散型の区」といえようか。今後、まとまりのある自治体として個性的に発展していくのか、都心との結びつきをなお強めていくのかは、世田谷区民の選択にかかっている。

19 山﨑記念中野区立歴史民俗資料館

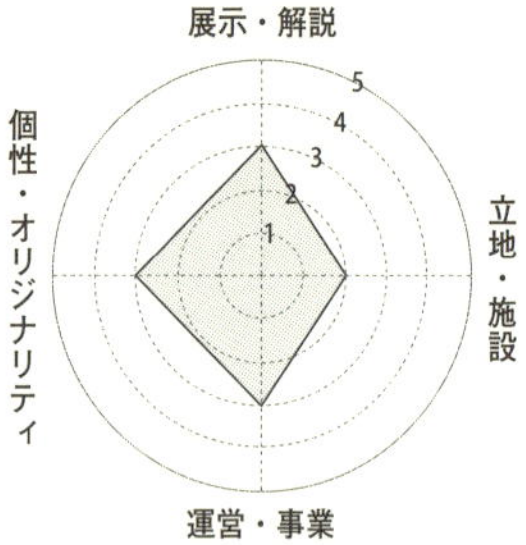

総合　★★

〒165-0022 中野区江古田4-3-4

03-3319-9221

［開館時間］
9：00～17：00（入館は16：30まで）
［休館日］
毎週月曜日、毎月第3日曜日、年末年始（12月28日～1月4日）

無料

常設展示図録あり

中野区には「哲学堂」という世界にも類を見ない公園がある。東洋大学の創立者である哲学者の井上円了が、一九〇六（明治三九）年に、私財を投じてつくった社会教育のための公園（後に区立公園となる）である。彼はこの地に、世界の四聖（孔子、釈迦、ソクラテス、カント）を祀った四聖堂はじめ、東洋の六賢人を祀った六賢台、日本の神道、仏教、儒教の碩学大家を祀った三学亭、宇宙館（講義室）、無尽蔵（陳列所）、絶対城（図書館）などを次々に建て、また樹木や河川、泉などに哲学的意味を持たせるなど、七十七場を設けて、歩きながら考える公園とした。それは「考える人＝哲人」を養成する道場であった。中野区の持つ歴史的個性の一つである。

他方、井上円了は日本における「妖怪学」の創始者としても有名であり、世に「妖怪（お化け）博士」と言われた。彼の妖怪研究の基本的立場は、自然科学や心理学などによって妖怪現象を客観的・合理的に解明しようとするものであり、諸科学が発達すれば、ほとんどすべての妖怪現象は合理的に解釈されるべきものであった。その意味では、妖怪とは、近代の科学的方法により「打破されるべき迷信」であった。こうした井上妖怪学に対し「徹頭徹尾反対の意を表せざるを得ない」（『幽冥談』）としてかみついたのは民俗学者の柳田国男である。柳田の妖怪論の基本的立場は、妖怪そのものを正面から論ずるよりは、妖怪に対する人々の考え方や態度を考察することによって、日本人の信仰の変遷や精神構造を探求しようとするものであった。その意味で、柳田にとって妖怪とは、「迷信として打破」すべき対象ではなく、日本人の多様で豊穣な精神の表れだったのである。

中野区の様々な歴史的個性を見るには、山﨑記念中野区立歴史民俗資料館が最適である。そこへは、西武新宿線の沼袋駅で下車し、狭い通りの商店街を北上しながら、徒歩一〇分ほどを要する。中野区の北の方にあり、立地条件としては悪い。というのは中野区の中心はいうまでもなくJR中野駅（バスはほとんど中野駅発着）であり、区の南部の人々がこのミュージアムに来るには、いったんバスで中野駅で乗り換えなければならない。加えて「開かずの踏切」といわれる西武新宿線が横たわっている。本来ならば、中野区の区立ミュージアムは中野駅の真ん前に設置するのがベストである。

実はこのミュージアムの土地は、東京都の名誉都民であった故山﨑喜作（元中野区議会議長）が、郷土の文化遺産の展示・保存・活用のために寄贈したものである（「山﨑記念」という文字が頭につくのはこのためである）。山﨑氏のこの善意には多大な感謝を表すべきではあるとはいえ、博物館の立地場所が限定され、博物館政策の重要な要素である立地そのものが制約されることになる点は大きな問題である。

和風建築をイメージしているという建物はそれほど魅力的ではない。常設・企画・特別の三つもの展示室、研修室、図書資料室、ビデオコーナーはあるが、レストランもミュージアムショップ（刊行物展示・販売が事務室前にある）もない。何より問題なのは、建物のやや奥に入った入り口の暗いイメージである。従来、博物館そのものが暗いイメージをもたれてきた。今はそのイメージを大きく変える時代であろう。このミュージアムは旧態依然の暗いイメージであり、とりわけこの入り口は誰も好んで入りたいとは思わないだろう。博物館建築や内部デザインの問題は極めて重要である。実際、私は二度訪れたが（平日）、二度とも入館者は一人いただけで、以後、誰も入ってこなかった。

常設展示は、二階の約半分を占めるワンルームのみであり、展示は教科書的に時代順に並ぶ。展示に比べ、『常設展示図録　武蔵野における中野の風土と人びとのくらし』は一〇〇〇円と高額だが、展示よりも詳しく充実している。

この図録とともに常設展示を見ていきたいが、その前に「中野」という地名の由来を知りたい。しかし図録、展示ともに明示されていない。しかしこの資料館から刊行されている小冊子（「たずねてみませんか中野の名所・旧跡」）によれば、武蔵野の地理的な中央に位置するというところに由来するらしい。柳田国男が「本式の武蔵野」と呼んだ地域は、「川越・国分寺間の私設線と青梅行きの小鉄道との中間の、幅なら二里三里の平原」（「武蔵野雑談」）といった地域であり、中野よりはかなり西に位置するが、古代の武蔵国府（現東京都府中市）から乗瀦《のりぬま》駅（練馬区）、豊島駅（北区）をへて下総国との国境である隅田川に至る武蔵野を旅する人々にとって、この中野区はおよそ中間に位置する（その地図が展示されている）。古代、行けども行けども葦原が続く広大な武蔵野で、その中間地点はそれなりに重みのある地点であったろう。『武蔵野』で文名を馳せた国木田独歩は、渋谷駅の北西に住み、武蔵野（古代以来の葦原の武蔵野ではなく、近世に植えられた雑木林の武蔵野ではあったが）をよく散歩した。杉並区や渋谷区が中心であったらしいが、ほど近い中野区の武蔵野をも訪れたことであろう。しかし今となっては、住家であふれる中野から武蔵野を連想するのは至難である。武蔵野の真中であった中野区の区立ミュージアムにおいてこそ、武蔵野の様々な特徴を何らかの形で再現すべきであろう。武蔵野の中心であったということが中野区の歴史的個性の一つなのであるから。

「御囲」と「桃園」そして象

中世、江戸城を拠点とする江戸氏、石神井城・練馬城を拠点とする豊島氏（ともに桓武平氏の秩父氏の流れをくむ）とが、この地域の開発を争ったであろう。熊野那智大社米良《めら》文書に、江戸氏の一族として、中野氏の名が見いだされるが、この氏の事跡はわからないという。また同文書の一三六二（貞治元）年の「武蔵願文」の中に「中野郷」という地名がはじめて文書のなかに登場するという（地名の伝承としては平将門が九三九（天慶二）年の天慶の乱で武蔵「中野の原」に出陣して敗走したと伝えられるが、この中野の原というのは一村名ではなく広い地域の総称であったらしい）。室町時代には、太田道灌が、「江古田原・沼袋合戦」において、古代以来の名族・豊島氏を破り放逐（のち豊島本家は滅亡）したが、その戦場は、現在の中野区内である。

道灌の後、小田原北条氏の支配の時代に現中野区一帯を管轄したのは、北条氏の小代官の堀江氏であった。堀江氏は江戸期には中野村の名主として生き残り、近郷一円の有力指導者として、村々への御用触次、問屋場役人、組合村寄場役人などを務めて多くの事跡を残し、また明治以降も、中野の町政に果たした業績は大きく、現代の中野区発展の礎になったという。余談ながら、文豪・夏目漱石の祖父は、この堀江家から新宿牛込の名主であった夏目家に養子に入ったといわれ、そうであるならば漱石は堀江氏の孫ということになる。

江戸期に入り、江戸城を建設するための石灰を青梅から運ぶ青梅街道が開設されて、現在の中野区の南部を通り（現在の地下鉄丸ノ内線上）、中野は宿場町を形成する。現在でこそ中央線沿線にはアパート、マンションなどの住家が密集しているが、歴史的に見ればこの中央線沿線は武蔵野の中で最も遅く開発されたのであり、中央線の前身である甲武鉄道が一八八九（明治二二）年に開通してからである。また現在の中野区の中心は、繁華な中央線中野駅周辺であるが、当時の中野宿はその南の青梅街道沿いにあった。当時の街道沿いには茶店が点在し、弁慶飴といった名物もあったという。弁慶飴とはどんな飴なのか、興味のあるところであるが、弁慶らしき人物が描かれたその飴の袋が展示されていて面白い。中野の名物の一つとして復興し、ミュージアムショップを作ってその飴を置きたいものである。

ところで本資料館は、展示室の壁沿いに時代の流れの順に展示してあるが、中央スペースを使って展示している二つのものがある。それが中野区の歴史的個性を現している。一つは宝仙寺三重塔の模型であり、もう一つは犬駕籠の推定復元模型である。宝仙寺三重塔は、中野宿にあり、高さ約二四メートル、江戸初期の寛永年間にできたものであり、古くから「中野の塔」と呼ばれ、浮世絵に描かれたり『江戸

宝仙寺三重塔模型と犬駕籠推定模型

名所図会』などで紹介されて、付近はもとより江戸の人々にも長く親しまれたという。当時としてはその高さは際立ち、かなりの遠方より見ることができたであろう。宝仙寺三重塔はまさに中野のランドマークであり、シンボルであったといえよう。しかし残念なことに一九四五（昭和二〇）年に戦災により焼失した。一九九二（平成四）年に宝仙寺境内にほぼ同じ大きさの三重塔が建設された。とはいえ元々の塔は境内ではなく宝仙寺とは離れたところあり、厳密には「再建」とはいいがたく、もちろんランドマークとしての意味はもはやない。

もう一つの犬駕籠は本ミュージアムの最も注目される展示であるが、五代将軍綱吉の悪名高き「生類憐れみの令」に代表される生き物愛護政策に関連する。一六九五（元禄八）年に江戸の野犬を収容するために広大な「御囲《おかこい》」と称する施設が作られたのは、実はこの中野の地であった。それは、現在の中野区役所を中心とする約三〇万坪に渡る広大なものであった。犬駕籠とはその「お犬様」をこの施設まで運ぶ駕籠であり、竹で編んで作ってある。丁寧なことに、その駕籠の中には犬の人形が入れられている。しかしこの施設の痕跡は今ではまったくといってない。

さらに中野区の歴史上、個性的なものを挙げるとするならば、「桃園」であろう。八代将軍吉宗は、墨田堤、王子飛鳥山、品川御殿山、小金井に数多くの桜の木を植え、それらの地は上野とともに桜の名所となったが、同様に吉宗はこの中野の地（かつての「御囲」の一角）には、桃の木を植えて桃の名所とした。いずれも当時多くの人が訪れて親しみ、江戸の花見文化の形成に大きくかかわった。宝暦（一七五一～一七六四年）、明和（一七六四～一七七二年）の頃には、花見の季節、「みわたし三里」ほど、桃の花一色の「希有の眺望」であり、近年は江戸からの見物客がことに多いと『江戸砂子』に記されているという。ちなみに宝暦時の天皇は桃園天皇（当時の天皇は桜町→桃園→後桜町→後桃園と花名に関連して続いた）であった。しかしこの「桃園」もまた今では完全に消滅してしまった。墨田堤、王子飛鳥山、小金井が、今日もなお桜の名所として多くの人々が訪れるのに比べて。

江戸期の最後に、中野の象に触れたい。一七二八（享保一三）年、中国の商人が、将軍吉宗に献上するためベトナムから二頭の象を長崎につれてきた。一頭はそこで死んだが、もう一頭は長崎を出発し、大阪、京都をへて東海道を下り二カ月あまりをかけ江戸に到着した。これまでも象が日本に来たことはあったが、これほどに人目に触れることはなかったのであり、多くの人々に強烈な印象を与えた。『象志』をはじめ象関係の書や、象をかたどった装飾品（木彫りの象や鍔など）、玩具などが作られた。そのいくつかがこの館に展示されている。将軍謁見後、象は浜御殿に住んだが、後、現中野区の本郷村に象小屋が作られ飼育されたのである。

大規模な歴史殺し

近代に入り、一九三二（昭和七）年に、中野町と野方町が合併して東京都に編入され、今日の中野区が誕生した。その前後から、中野区は急速に市街地化した。畑地や原野は瞬く間になくなり、ほぼ全域に住家が密集し、東京都心部に通う人々の過密なベッドタウンと化した。中野区の人口密度は全国の市区町村の中でも豊島区に次いで多い。ベッドタウンであるが故に、活動の中心は都心部にあり、視線は常に都心部に向けられ続けた。人々が実際に住む地域への視線は乏しく、目を向けたとしても、都心部の亜流としての中野区であり、都心部とは異なる独自の個性をもった地域としての中野区ではなかったであろう。それゆえにかつての中野の個性であった宝仙寺三重塔のランドマーク性も、お犬様の「御囲《おかこい》」も、花見で賑わう「桃園」も跡形もなく消えてしまった（「桃園」は学校名などに残るのみ）。練馬区にも劣らなかった大根や沢庵の生産も、明治以後盛んに作られたお茶も、ビール製造もすべて無くなった。かつての名物の弁慶飴さえない。戦前にあったスパイ養成の陸軍中野学校は、もちろん消滅した。しかしこれも中野区の歴史的個性の一つであり、中野区のミュージアムはその記憶を何らかの形で残してもよいだろう（もちろん批判的にではあるが）。これほどに歴史が消失した地域は日本ではほとんどないであろう。

歴史が消失したというよりも歴史を殺したという面が強い。それは次のような伝説殺しにも伺える。中野には、新宿区との境の淀橋にかかわる「中野長者」という有名な伝説がある。巨万の富を得て熊野十二社権現（これは新宿区にあるが）を創建した信心深い「中野長者」鈴木九郎であったが、ある時、

江戸後期の淀橋付近復元模型

その富を下男に背負わせ隠し場所に隠した。ところが秘密が漏れるのを恐れて、その下男を帰りの淀橋の上で切り殺してしまう。人々は行きの下男は見たが帰りの下男の姿は見なかったということで、この橋を「姿見ずの橋」と呼んだ。下男の恨みは橋のたもとをさまよい、婚礼前日の長者の娘を大蛇に変身させてしまう、という伝説である。以後、人々はこの橋に不吉の思いをいだき、花嫁行列はけっしてこの橋を渡らず、他の橋に迂回したという。なお、この淀橋周辺の青梅街道の街並みは、この館にジオラマ模型として展示されている。

江戸のいくつかの地に、こうした花嫁行列の迂回伝承は残されているが、この伝承は大正の初め頃まで日常生活の中で実際に生きていた。極めて面白い慣習ではないだろうか。しかし冒頭に触れた井上円了が妖怪を「迷信」として打破したように、一九一三（大正二）年、中野町のある有力者が、これを「迷信」として打破すべく、柳田国男の講演までも盛り込んだ盛大な「浄め祭」を行い、実際に自分の娘の花嫁行列にこの橋を渡らせた（その後この娘がどうなったかは筆者は知らないが）。この浄め祭は東京府内外に話題をよんだという。井上円了に反対したはずの柳田国男は何を話したのであろうか。近代化の過程でこうしたことは、日本全国どこでも起こったことではあった。とはいえこの慣習が今日まで残っていれば、まさにその土地の記憶として後世まで記憶され、また活用されれば、「迂回橋の結婚」として様々なストーリーが付け加えられ、多くのカップルがこの地での結婚式を望んだかもしれない。

自分の住む地域の個性を再認識し活用するのではなく、どこでもあるとはいえ、この地域はとりわけ大規模に歴史殺しを行ったといえよう。考えてみれば、この「大規模な歴史殺し」こそ、実は中野区という地域の個性であり特徴であるといえるかもしれない。

20 杉並区立郷土博物館

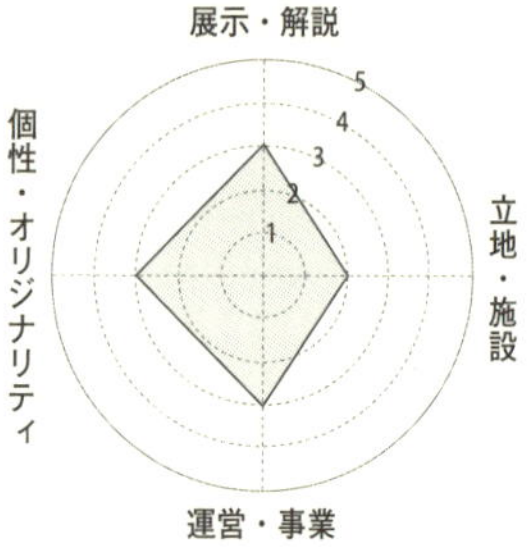

総合　★★

〒 168-0061 杉並区大宮 1-20-8

03-3317-0841

［開館時間］
9：00 〜 17：00
［休館日］
毎週月曜日・毎月第三木曜日（祝日と重なった場合は開館、翌日休館）、12 月 28 日〜 1 月 4 日

一般：100 円、中学生以下は無料

常設展示図録あり

浮世絵といえば江戸期を連想する。しかし日本の近代にも（現代でも）浮世絵はあり、浮世絵師はいる。今はあまり知られていない近代の浮世絵師に高橋松亭《たかはししょうてい》（一八七一〜一九四五）という人物がいた。松亭については、清水久夫編『こころにしみるなつかしい日本の風景——近代の浮世絵師・高橋松亭の世界』があり、以下この書を借りたい。

江戸期以来の浮世絵版画は木版画であったが、明治期には新印刷技術の石版や銅版の発達や写真の隆盛によって、木版の浮世絵版画は日露戦争を描いた作品を最後に終息してしまう。こうしたなか、伝統技術の復興と芸術本位で新しい時代の版画を制作しようとする「新版画」運動を提唱したのが、渡邉庄

三郎であった。自ら版元となった渡邉は、その資金を調達するために、海外への輸出用に、江戸期の浮世絵の複製版画とともに「新作版画」を制作し、外国人を中心に売り出そうとした。紛らわしいことながら、芸術性を追求する「新版画」とは異なり、「新作版画」とはそのための資金稼ぎの手段としての通俗的な版画であったといえよう。その「新作版画」の絵師として、一九〇七（明治四〇）年に最初に登用されたのが高橋松亭であった。松亭の作品は当時から海外で人気を得てよく売れ、渡邉の経済的基盤を支えて、大正から昭和戦前期の木版画復興をもたらした。とはいえ伊藤深水、川瀬巴水、吉田博などの「新版画」価格にくらべ、松亭らの「新作版画」価格は安く設定されていた。後に松亭も「新版画」を描くことになるが、芸術家というよりも、版元の要望に的確に応える職人としての性格を持っていたのかもしれない。彼の作品は多くは風景画であり、「繊細な色彩や巧みな構図」「高度な木版画制作技術」による優れた作品が多く、それらは「情緒あふれる日本の風景として郷愁を誘う」という。

「高井戸の夕立」

　松亭は浅草（現台東区）生まれで、主として現大田区に住んで制作に没頭し、晩年の一時期のみ現品川区に住んだ。従って杉並区とは直接の関係はない。にもかかわらず、ここまで長々と松亭について書いてきたのは、杉並区立郷土博物館の入場券にこの松亭の一枚の版画（「高井戸の夕立」）が使われているからであり、のみならず『常設展示図録』の表紙にも使われ、さらには常設展示室正面にも大きく拡大されて、この版画が展示されている。杉並区のミュージアムがこだわった版画である。この版画については後に触れたい。

その杉並区立郷土博物館へ行くには、京王井の頭線永福町駅で下車し、住宅地の中をえんえんと一五分以上も歩き、立地条件は悪い。古風な長屋門から入る。博物館本館はこぎれいでしゃれた建物である。常設展示室や特別展示室の他は、簡単なビデオコーナーがあるだけで、他の機能に乏しい。そのビデオコーナーも、旧式のビデオ設備であり、ビデオを見るためにわざわざ事務室に申請して貸出を受けねばならず、しかもビデオの数自体が少ない。受付で刊行物が並んでいるだけでは、ミュージアムショップとは言い難い。レストランはもちろんない。

それなりの『常設展示図録』はあるが、内容からいって一〇〇〇円では割高である。面白いのは、この図録が実際の展示をほとんどそのまま写し取っているようであり、ここまで実物と一致している図録も珍しいのではないだろうか。他のミュージアムでは常設展示といえども、新資料の発見や研究の進展によって、徐々に変化しているが、このミュージアムでは当初の展示そのままなのであろうか。

展示は教科書的な歴史順の展示であるが、杉並区の歴史的個性を表す展示を、『展示図録』も参照しながら見てみよう。古代この地は武蔵国多摩郡に属し、広大な武蔵野の只中にあった。これまでも記したように、武蔵国の国府は、現在の東京都府中市にあり、そこから下総国の国府（現千葉県市川市）に官道が通じていた。その間に「乗瀦《のりぬま》駅」があった。練馬区立ふるさと文化館では、それが練馬の地名発祥説（のりぬま→ねりま）の一つになっているとする。ところが杉並区の『展示図録』では、「乗瀦」

とは杉並区内の天沼であろうとしている。筆者としては練馬の方が妥当だと思えるが、同じ都内の隣接自治体であるから、大いに論争し結論は出なくとも、その論争自体をミュージアムで紹介してほしいものである。

高井戸宿と妙法寺

古代の武蔵野において最も早く開けたのは、当然ながら国府（現府中市）のあった西部であり、この現杉並区あたりはほとんど人のいない原野であったろう。中世にいたって、現在の地名にその名を残す集落があちこちに誕生してきた。鎌倉時代から室町時代前期において武蔵国一帯で勢力を持ったのは、秩父氏から分岐した江戸氏、豊島氏、葛西氏であり、現杉並区地域はこの三氏が鼎立した形勢にあった。三氏のなかでも江戸氏は各地にその庶流を多く配した。展示の中に、各地に配置された数々の江戸氏庶流を記録した古文書が展示されている。その中に現在の杉並区内では「あさがや殿」といわれる一族があり、現在の阿佐ヶ谷に居館を置いていたが、詳しいことは分からない。

江戸期の杉並地域は二〇ケ村からなり、天領、旗本領、寺社領（山王日枝神社領）に分かれていた。当時のこの地にとって特徴的なのは高井戸宿の存在である。五街道の一つ、甲州街道は現在の杉並区の南端、世田谷区との境を通っていたが、その甲州街道の一番目の宿場がもともとは高井戸であり、下高井戸宿と上高井戸宿の二つの宿場が半月交代でその勤めを果たしていた。この宿は半宿半農であったために交代業務としたのだろう。面白いことに外便所を街道に面して建て、旅人に利用してもらうことによって下肥を集め、農業に利用していた。

高井戸宿復元模型

冒頭に紹介した松亭の版画とはこの高井戸の一情景を描いたものである。「高井戸の夕立」と題され、前面に大きな杉の木が描かれ、その背後の藁葺きのお堂に、夕立にあった人々が駆け込み、また雨宿りをしている情景が描かれている。その版画とともに、上高井戸宿の復元ジオラマ模型が展示されている。本ミュージアムのメイン展示の一つである。模型とともに展示されている地図には外便所の位置まで記されている。しかし新宿区の章でも触れたように、甲州街道の第一宿として内藤新宿が創設されることによって、高井戸宿を素通りする旅人も多くなり、宿としての役割が減少していくことになる。

この高井戸周辺は、当時有名な「高井戸丸太（四谷丸太）」の産地であった。江戸期（江戸期だけではないが）、人々の生活は、建築材のみならず家具や様々な道具、食料やエネルギーにいたるまで、森と木（木材）に依存していた。江戸の人口が膨張するに比例して木材需要も膨張した。深川に木場があったように、全国から海路で木材が江戸に集められた。他方江戸近郊で木材を供給したのが武蔵野の諸地域であった。かつては葦荻《ろてき》の生い茂る一面の原野であった武蔵野は、江戸期に農地が開発されるとともに、大規模な植林がなされていったのである。武蔵野の各地から甲州街道や青梅街道を通っていったん四谷に集められた杉丸太は、そこから江戸市中に供給された。その杉丸太の主なものは、高井戸丸太、青梅丸太、西川丸太（現埼玉県飯能市周辺から荒川水系によって運ばれた）の三種類があったが、中でも人家近くで手をかけて生産される高井戸丸太は、とりわけ良質なブランド品であり、京都の北山杉に匹敵するとされた。今の杉並区にはかつて木材の一大産地であったという面影はまったくない。記憶されるべき杉並区の歴史的個性の一つではあるが、残念ながらこのミュージアムにはこれに関する展示はない。

江戸期のこの地にとってもう一つ特徴的な事物は、「厄除《やくよけ》祖師」と呼ばれた堀之内村の妙法寺の存在であろう。祖師とは仏教で一宗一派を開いた人、開祖であるが、妙法寺の場合の祖師とは日蓮である。その祖師像が厄除けにご利益《りやく》があるということで、江戸時代より多く庶民の信仰を集め、現在でも壮麗な伽藍を残し、多くの人が参拝しているという。『展示図録』によれば、「堀の内」という地名が妙法寺の異称となるほどであり、『武蔵名勝図会』にはその繁栄ぶりが「浅草の観音に並べり」と記されているという。他方で近くにある内藤新宿の遊廓に遊びに行くために、「堀の内」詣でを口実にした人も多かったらしく、

新宿へ　泊まるには是　妙法寺

という川柳が詠まれている。妙法寺と新宿遊廓の関係は、目黒不動と品川遊廓との関係、さらには浅草寺と吉原遊郭との関係に似ている。ともに信仰をダシに使ってまでの江戸庶民の色事への執着が現れ

「江戸名勝図絵　妙法寺」

ている。川柳のみならず妙法寺は浮世絵、黄表紙、落語などの題材とされた。

劇的な変化と文化の創造

近現代の展示のメインは、井伏鱒二の『荻窪風土記』である。文学者の一作品を歴史展示のメインに据えることは珍しい事であり、このミュージアムの特徴とも言えよう。杉並区は近代以降、特に関東大震災以降に劇的に変化した地域であるが、荻窪を中心とする杉並区のこの急激な変化を、井伏のこの書は最も印象的に表現しているからであろう。この書は、一九二七（昭和二）年に現杉並区の荻窪に移り住んだ井伏が、荻窪、阿佐ヶ谷、高円寺などに住む様々な作家や友人・隣人との交遊や荻窪周辺の変遷を交えながら、井伏の後半生を綴ったものである。本書は、荻窪のある故老の次のような話から始まる。「関東大震災前には、品川の岸壁を出る汽船の汽笛が荻窪まで聞こえていた。ボォーッ……と遠音で聞え、木精は抜きで、ボォーッ……とまた二つ目が聞えていた。確かにはっきり聞えていたという。」震災前の東京と杉並区の未だ人家の少ない長閑な雰囲気を伝えている。昭和二年に井伏が現杉並区清水一丁目に家を建てた頃はまだ一面の麦畑であり、それ以前の大正初期にはそこは朝鮮原という名のクヌギ林であったという。また「裏の千川用水の土手に、夏の夜は虫螢が光っていた。春はガマ蛙が土手に群がっていた」状態だったという。その後は急速に人家が密集し、「いつの間にか地面が狭くなってシノギを削るようなことになってしまった」と述懐し、その急速な変化を井伏は「滄桑《そうそう》の変」という難解な語をもって記している。『広辞苑』には、「桑田変じて滄海となるような大変化。世の変遷のはげしいことにいう。」と出ている。ちなみに滄海とは、「あおうなばら、大海」である。桑畑が大海となるのは、ありえないほどの大激変であろう。それほどにこの杉並区の変化は激しかった。

とりわけ井伏の住んだ井荻地区は、関東大震災以後、昭和初期にかけて、「全国でも他に例を見ないほど大規模」な土地区画整理事業を行い、市街地化を押し進めた地域であった。もちろん杉並区の他の多くの地域でもこの事業が進められた。こうして杉並区は中央線沿線の荻窪、阿佐ヶ谷、高円寺を中心として、人口が極度に密集する地域となったのである。

最後に杉並区の歴史的個性の一つとして展示されている「水爆禁止署名運動」について触れたい。アメリカが太平洋上のビキニ環礁で水爆実験を行い、日本の漁船「第五福龍丸」が被災したのは、一九五四（昭和二九）年のことであった。これに対して、当時、杉並区立公民館長の安井郁（当時の法政大学教授）を囲んで読書会を行っていた婦人たちが中心となって、水爆禁止署名運動杉並協議会が発足する。この運動は公民館を拠点に区内の多くの団体が参加し、杉並区から近隣地域へ、さらに全国に広がり、原水爆禁止署名運動全国協議会が結成される。杉並区のこの運動は、地域全体が原水爆反対運動に取り組んだ全国最初の事例であり、しかも杉並区はこの運動の全国的ネットワークの中心的拠点に位置したのである。その後、全世界にまでも広がり、一九五五（昭和三〇）年に第一回原水爆禁止世界大会が広島で開かれるに至ったのである。署名数は国内で三五〇〇万、全世界で六億にのぼったという。多くの関連資料が展示されているが、杉並区発祥の平和運動として長く区史に記憶されるべきものであろうし、それを活用した区のまちづくりにも活用されるべきものであろう。

さて区の総合的な個性の考察にうつろう。現在の杉並区はその中心を東西に中央線が走り、その沿線が、繁華な地域となっている。しかし中野区の章で触れたように、実はこの中央線一帯が最も開発の遅れた地域であった。『荻窪風土記』に記された古老の話によると、この鉄道で甲州から「東京府に入って荻窪あたりに来ると、杉や檜が珍しく黒々と茂っていた。甲州の山では、あんな密林は見たことがなかった」というほどに、現杉並区は甲州以上の未開地であった。また井伏がこの地に越してきた昭和初年にしても、荻窪駅は列車が来ると「そのつど二人乗るか一人降りるか、誰も降りないといったようなこともあった」という。乗降客でごったがえす現在の荻窪駅からはもはや想像がつかないような状況であった。これほどに昭和以降の杉並区のは変化は激しい。まさに「滄桑《そうそう》の変」である。もちろん東京近郊の地は多かれ少なかれ激変したであろうが、ほとんど何も無かった所がこれほど激変したのは杉並区をもって第一とすべきであろう。

それゆえに杉並区には、あらゆる人々が短期間に一挙に流入した。その人々は様々なモノやコトを持ち込み、取り入れ、また生み出した。戦後のいわゆる「中央線文化」の中心ともなる。高円寺のフォークソングや阿佐ヶ谷のジャズなどは、全国的な中心をなした。近年ではアニメーション産業の興隆が著しい。阿波踊りまで取り入れた高円寺の阿波踊り大会や、阿佐ヶ谷の七夕祭りは全国的にも名高い。杉並区とは、まさに「滄桑の変」の区であり、それゆえに「雑多なヒト、モノ、コトが何もかもごちゃ混ぜになった区」であるといえよう。そこから多様な文化の創造も期待できる区である。

城北エリア

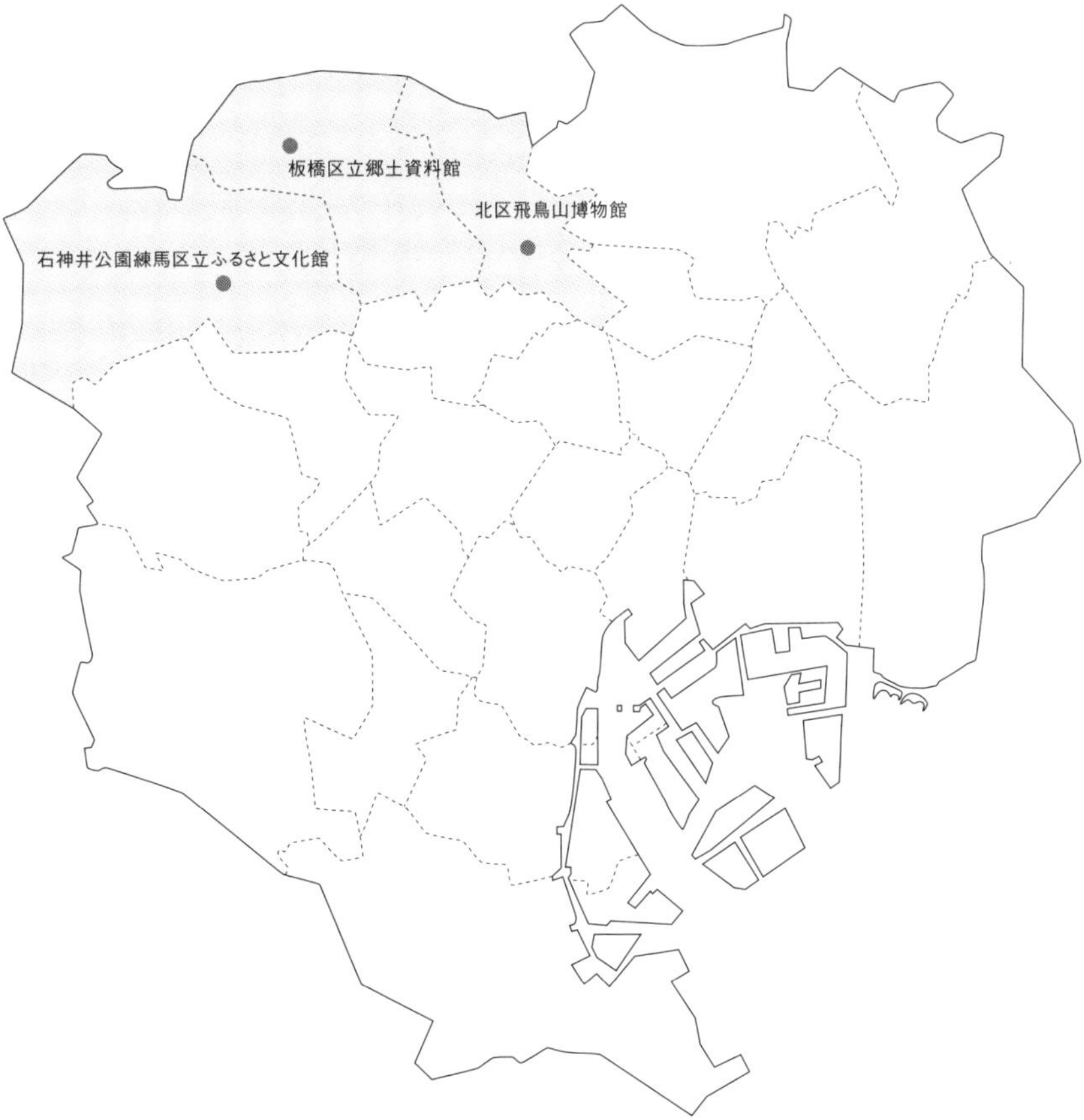

板橋区立郷土資料館
北区飛鳥山博物館
石神井公園練馬区立ふるさと文化館

21 北区飛鳥山博物館

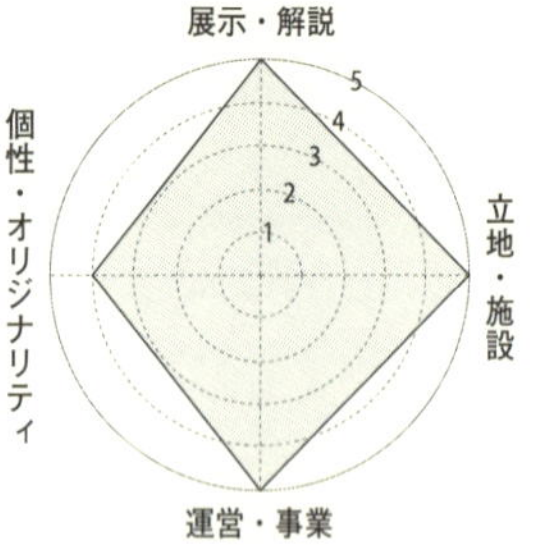

総合 ★★★★★

〒114-0002 北区王子 1-1-3

03-3916-1133

［開館時間］
10：00 ～ 17：00（観覧券の発行は16：30まで）
［休館日］
毎週月曜日（国民の祝日・休日の場合は開館し、直後の平日に振替休館）
年末年始（12月28日～1月4日）
臨時休館日

一般：300円
65歳以上：150円
小中高校生：100円
小学生未満は無料

常設展示図録あり

江戸の絵師、歌川広重には、有名な『東海道五十三次』と並び、広く知られた浮世絵シリーズ『名所江戸百景』がある。筆者にとって、その中で最もインパクトのある一枚は、「王子装束《しょうぞく》ゑ《え》の《の》木《き》　大晦日の狐火」である。大晦日の夜に関東中からきつねがこの榎の下に集まり、装束を改めて王子稲荷（関東総稲荷）に詣でるという言い伝えがあるが、この絵は、闇夜に榎の下に集まるきつねの群れと狐火を描いて、幻想的な雰囲気が見るものの興を誘う（もっとも広重はこの構図を『江戸名所図絵』から拝借しているのだが）。この舞台が現在の北区である。江戸期の北区は、この王子稲荷とならんで『名所江戸百景』にいくつか描かれた、江戸の個性的な名所地帯であった。なおこの榎は落雷により現在は消失し、

その跡近くに小さな装束稲荷神社が立っている。

北区の個性的なモノやコトを探しに北区飛鳥山博物館に行ってみよう。それはJR王子駅に隣接した飛鳥山公園の一角にある。坂を上り館に行き着くまでに一〇分はかかるであろう。つい最近に坂を上る難を考え、六人掛け（定員一六名）の小さな無料のモノレールができている。公園に登るモノレールというのは全国的にも珍しい北区の施策であろう。ともあれ飛鳥山博物館は、三〇〇円という区立ミュージアムとしては高めの入場料を取るとはいえ、二三区のミュージアムのなかでも特に充実し、極めてビジュアルな展示に工夫をこらしている。通史的な歴史教科書的展示というよりもテーマ（一四のテーマを設定）ごとの展示を重視し、模型やジオラマ展示を多用しつつ、生活復元展示、大規模な映像展示など多彩な展示手法を駆使して、充実した『常設展示案内』が誇示しているように「過去の息吹を今に再現して、歴史に触れる感動と喜び、知的興奮を誘う空間を構成」しようとしている。『常設展示案内』は二〇一一（平成二三）年に改定されたばかりであり、定価五〇〇円と安く、内容も極めて充実している。しかも二三区のミュージアムのなかでも珍しくレストランもあり、ミュージアムショップもそれなりに充実し、王子のきつねや浮世絵にちなんだ面白い物品なども販売している。

「王子装束ゑの木大晦日の狐火」

古代豊島郡の中心としての現北区

『常設展示案内』を参照しながら、北区の個性を表しているような展示を見ていこう。まず縄文時代の土偶である。土偶自体は全国各地で、特に東日本に多く出土されているものであるが、北区のそれは身長二六センチ、手を広げた幅一九センチという「都内最大」の大きさであり、しかも後頭部に孔《あな》が斜めに開けられており、その孔に棒を差し込んで支えとし立たせて使ったであろう非常に珍しいものである。通常、土偶はそれを破壊することで安産や豊穣を祈る呪術的な用途を持つとされるが（この土偶も例にもれずバラバラの状態で出土した）、破壊される前に一定期間飾っておかれたのであろうか。

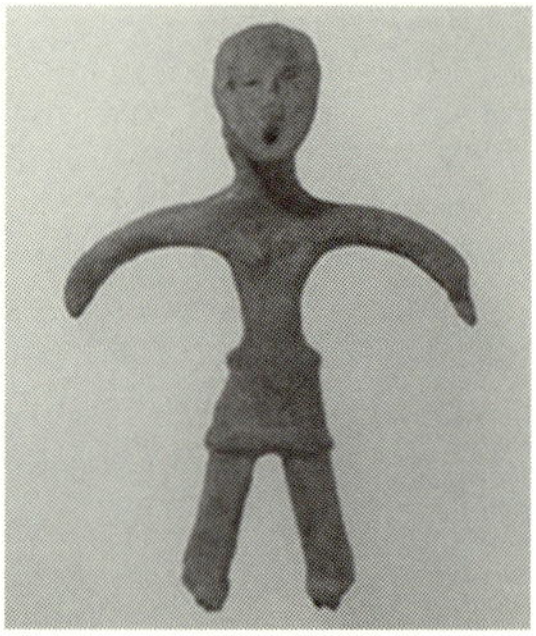
土偶

次に目につくのは古墳時代のガラス小玉の鋳型である。それはガラスの小玉を大量に生産するために、粘土を焼いて作られた鋳型であり、蜂の巣を平面化したような形をしているが、本館開館時には「日本最古」のものであったが、その後九州でそれよりやや古い鋳型が発見されていたことを学芸員に教示された。それは、関東地方の弥生時代から古墳時代にかけて一般的に見られる墓制である方形周溝墓の周囲の溝から出土したものであり、そうしたものを製作する工人集団が、遠い昔この北区に存在したこと、埋葬者のなかにその工人集団の人々が含まれていたことが伺われる。勾玉とともに展示されているガラス玉も、勾玉同様美しい。なお弥生時代の方形周溝墓では、死者は墓の中心に埋葬されたのに対して、古墳時代の方形周溝墓では、死者は周囲の溝に埋葬されたという。

正倉

実はこれらの展示に行く前に、常設展示室の入り口に、大きな校倉《あぜくら》造りの倉庫が展示してある。それは律令時代（奈良・平安時代）の「正倉」である。周知のようにこの時代の行政単位は国・郡・里であり、現在の北区は武蔵国豊島郡にあった。豊島郡は、北区以外にも現在の板橋区、荒川区、台東区、文京区、豊島区、練馬区を含む東京北部一帯の地域であり、武蔵国全体の中心である「国府」ないし「国衙《こくが》」は現在の府中市であるが、豊島郡の中心である「郡家《ぐうけ》」「郡衙《ぐんが》」は実はこの北区（西ヶ原）にあったのである。地方行政の拠点である郡衙は、執務を行う「政庁《せいちょう》」（回廊や柵列が取り囲む）と、税として徴収された米等を蓄える倉庫群としての「正倉院《しょうそういん》」（大溝が取り囲む）とからなる。正倉院には、租として徴収された稲籾を納める「正倉」、大型の倉である「法倉」、出挙《すいこ》として貸し付ける稲を納める「屋《おく》」等があるが、ここに復元されているのは正倉であり、その前には指図する郡司（役人）と荷を運ぶムラ人の人形模型（当時の人の平均身長に作ってある）を置いてリアルさを出している。

平安時代後期になると関東各地に武士団が勃興する。その武士団の中で最も有力なものが、板東七平氏と呼ばれる桓武平氏系の武士団であった。七氏の中で武蔵国で生まれたのは、秩父盆地を本拠とする秩父氏だけであった。その意味では秩父盆地は今日考えられる以上に重要な地であり、興味深い地である。ともあれ秩父氏は荒川沿いに多くの枝族を分出させ発展する。江戸氏、豊島氏、葛西氏などである。なかでも豊島氏は豊島郡を本拠とし、早くより郡衙跡地周辺に平塚城を築城（現在の平塚神社付近と推定される）

し、現在の北区一体を支配した。既に豊島氏は平安後期の「前九年の役」では源頼義に従い、「後三年の役」ではその子・八幡太郎源義家に従っている。平塚城で城主・豊島親義が源義家をもてなし、義家から鎧と十一面観音を授けられる平塚神社所蔵の彩色の絵巻（複製）が展示されている。豊島氏は後に源頼朝が平家打倒の兵を挙げると、その旗下に参加し頼朝の信任を得て、鎌倉開幕後は紀伊国や土佐国の守護職に就くなど、全国的に大いに発展した。

室町時代以降、豊島氏は現在の北区から石神井川を遡って内陸部へと勢力を拡大していく。現在の練馬区まで進出し、練馬城や石神井城（石神井川の水源に近い三宝池周辺）を築き拠点とした。このように大いに発展した名族・豊島氏であったが、戦国時代前夜、関東公方と関東管領上杉氏の対立に巻き込まれ、太田道灌との「江古田・沼袋合戦」（現中野区）の末、一四七八（文明一〇）年に豊島氏本流は滅亡した。

紀州熊野と王子の関係

ところで北区の中心である王子という地名の由来である。先に豊島氏は紀伊国の守護となったことに触れたが、王子は紀州の熊野信仰と密接な関係を持つ。もともと王子とは熊野権現の御子神であるとされ、中世熊野詣において先達をつとめた熊野の修験者たちが、熊野参詣の沿道にある多くの神社の神を熊野権現の御子神＝王子としたのである。従って王子信仰とは熊野信仰に他ならない。紀伊国と結びついた豊島氏が若一王子宮《にゃくいちおうじぐう》＝熊野権現（現在の熊野神社）をこの地に勧請《かんじょう》し、この地が王子となったのである。ちなみに現在の飛鳥山にもかつて熊野から勧請した飛鳥明神社が祀られていたという。余談ながら全国で最も多い姓の一つである「鈴木」姓は紀州熊野の先達に起源すると『常設展示案内』に記してあるが、知る人はともあれ知らない人は、その蒙を啓かれる思いがするだろう。もっともそのことは柳田国男がかつて指摘したことであったが。紀州熊野の影響は宗教面に止まらず、経済面（熊野系商人の活躍）や文化面にもおよぶ。さらに余談ながら後に盛んになる諸国からの伊勢参りという行動文化の前身こそ、この熊野詣であったと考えられる。

現在まで伝承された王子神社境内で行われる「王子田楽」は熊野の文化的影響の一例であり、北区の代表的な民俗芸能となっている。田楽とは日本各地にある稲作を中心とした五穀豊穣を祈る中世芸能とされるが、田楽の別系統として「大陸起源の色濃い曲芸的な品玉・跳躍などの動作に代表される田楽躍《おどり》の系統を引くもの」があり、王子田楽はこの田楽躍の系統に属するという。八月上旬に行われる王子田楽は、独特の花笠や華麗な衣装、雅びやかな踊りにより、江戸期以来人々を楽しませ、多くの見聞記録が残っている。展示された多くの華やかな花笠がその一端を示している。王子田楽の展示とともに、その横には映像も楽しめるビデオもある。「王子の夏に中世がよみがえる」というビデオの最後の言葉が印象的である。

江戸有数の名所・王子と飛鳥山

しかし何よりも北区の特徴は、近世中期以降、この地（王子、飛鳥山、滝野川）が江戸近郊の名所として庶民の行楽の場となり、四季折々の景物に恵まれた場所として広く知られたことにある。この点に関して本ミュージアムは、『名所の誕生～飛鳥山で読み解く名所プロデュース～』という優れた図録を持つ。錦絵をはじめとする多くの絵図が面白いが、本文もまた知的好奇心を大いに満たしてくれる。

百万都市江戸の大半は武家や寺社の土地であり、庶民は狭い土地に押し込められ、加えて火事が頻発し疫病も地震もある。庶民は鬱積した気持ちから、自然を求めあるいは厄除けや現世利益を求めて、名所や寺社によく出かけた。またこの地域は日光御成道の途中にあって道もよく整備され、江戸中心部から二里（約八キロ）と日帰り圏内の近さである。王子稲荷や王子権現など由緒ある古社や旧跡なども多い。加えて石神井渓谷のような起伏に富んだ自然美も豊富である。春は花見、夏は滝浴み、秋は紅葉、冬は雪見、加えて寺社への物見遊山など、この地域は江戸近郊の名所の集積地であり、多くの随筆や詩歌、浮世絵に描かれた。

とりわけ飛鳥山は、三代将軍家光の庇護もあったが、それ以上に、八代将軍吉宗の手厚い庇護と遊園開発の政策が大きかった。紀州出身の吉宗は、かつての紀州熊野と結びついたこの地をことのほか気に入ったのであろう、桜や野芝、松や楓などの植栽整備を進め、水茶屋の営業許可を与える。飛鳥山は江戸の桜の名所として、「桜花爛漫として尋常の観にあらず」と言われた。西山松之助の『江戸庶民の四季』によれば、庶民の花見は上野から始まったとされるが、上野、墨堤（隅田川岸）、品川御殿山、小金井といった江戸の桜の他の名所にも増して飛鳥山は江戸の庶民に好まれた。なぜなら庶民が花見をしながら、飲食やどんちゃん騒ぎを気ままに楽しむことができたのは、ここが筆頭であった。山頂からの「カワラケ投げ」まであったという。現在でもここは桜の名所として桜の季節になると多くの市民が公園一帯に隙間のないほど敷物を敷いて花見を楽しんでいる。もちろんカワラケ投げは今はない。

展示で目につくのは花見弁当の模型である。「上の部」の四重、「下の部」四重の計八つもの重箱には、

花見弁当の模型

色とりどりで盛り沢山の御馳走が詰められている。かすてら玉子、わたかまぼこ、むつの子、春がすみ、かんろばいなどと珍しそうなものもある。どんな料理であろうか。一八〇一（元和元）年の料理指南書より再現されたものだという。

しかも飛鳥山の魅力はその眺望にもあった。遠く南西には富士山、北東には筑波山を望み、その間遮るものもない一面の田園風景を見ることができたという。今はまわりがコンクリートの建物ばかりで味気ないものになってしまった。実は幕末・明治期には外国人も多くこの地を訪れている。なんとトロイ遺跡発見で有名なシュリーマンも訪れた。その来訪外国人の一人であるイギリス人の植物収集家（プラントハンター）ロバート・フォーチュンが、この王子一帯を「日本のリッチモンド」と呼んで称賛している。リッチモンドとはイギリス人が憧れるロンドン近郊の景勝地である。

加えて王子には、花見客や寺社への参詣客を楽しませる料理屋も発達した。有名な「扇屋」、「海老屋」は、江戸料理番付の上位を占める名声を誇り、また扇屋の玉子焼き（釜焼き玉子）は江戸の人々の名物となった。今に語り継がれる古典落語の「王子のきつね」は、きつねが人を騙すのではなく、人がきつねを騙す話であるが、その中でこの玉子焼きは話の重要なアイテムとなっている。この玉子焼きは今でも一～二の大手デパートで売られていると聞くが、筆者は残念ながら未だ食べたことはない。

この近辺に王子権現（現在の王子神社）や王子稲荷と密接な関係をもつ

金輪寺がある。現在は縮小されて小さな寺となっているが、かつては一二の子院をもつ王子権現の別当寺であった。将軍の日光社参の休憩所として、また将軍の鷹狩りの休憩所として、金輪寺が御座所とされたが、将軍吉宗はこれを増築し、京都清水寺のように崖にせり出した舞台まで作り、飛鳥山一帯の景色を襖絵に見立てて楽しんだ。このミュージアムの中にはその御座所書院が復元展示されているが、それ全体がシアタールームとなってビデオの上映を見ることができる。スクリーンの前に例の玉子焼き（釜焼き玉子）の模型があり、さらにその玉子焼きの切り分けた部分がビデオ選択の押しボタンとなっているのが面白い。

江戸東京近郊の野菜というテーマで、滝野川人参、練馬大根、滝野川牛蒡の模型が展示されているコーナーがある。その説明として以下のような分類を記してある。北区から練馬にかけての「北郊地域」は上記の野菜のような「根菜類」の栽培に適し、荒川区から江戸川区にかけての「東郊地域」は小松菜や砂村葱のような「葉菜類」に適し、大崎から渋谷・新宿にかけての「西郊地域」は淀橋南瓜などの「果菜類」に適していると。なるほどと思わせてくれる。しかしこの地の特産である在来種（特定の遺伝子を持つ）であった滝野川人参は、市場価値が減少し、その遺伝子は戦前までに絶滅しているという。

目指すべき自治体ミュージアムの姿がここにある

他にも興味ある展示があるが、後は実際に来館見学してのお楽しみとしよう。ともあれこのミュージアムには、しゃれたミュージアムレストランの他、アートギャラリー、図書閲覧コーナー（開架図書は少ないが)、映像ブース、資料検索用のパソコンコーナー、体験学習室が完備され、赤ちゃん休憩室までである。また体験型、野外型を含めた年間一〇〇を超える(平成二四年度)講座・講演会を開催し、多くのすぐれた図録の刊行とともに学芸活動も極めて活発である。さらには葛飾区と同様、福祉と連携した回想法事業(葛飾区の章を参照)まで行っている。館収蔵の昔懐かしい生活道具を携えて介護施設に出張までしている。このミュージアムは、おそらく二三区の中では最も充実した自治体ミュージアムであり、日本全国の基礎自治体はすべからく目指すべきミュージアムであろう。それほどにこのミュージアムは良い。

ところで筆者がこだわりたいのは北区という区の名称である。東京二三区の中には南区も東区も西区もなく、北区だけがぽつんとある。本来ならば古代豊島郡の中心として「豊島区」という名が良かっただろうが、既に隣の区の名称となっていた。ともあれ他の区はその地の何らかの歴史を踏まえた名称を採用した。しかし北区は一九四七(昭和二二)年にそれまでの王子区と滝野川区が合併して発足する際に、何の変哲もないこの名称を採用したのである。先にリッチモンドに触れたが、現在において本場のリッチモンドとの違いは、本場が現在も広大で豊かな自然を今に残すのに対して、王子一帯はもはやその面影さえなくなっている点にある。のみならずかつての江戸の最も個性的な名所の集積地という地位そのものがもはやない。おそらく北区は東京都民以外の人々にとって、二三区の中では最も無名な区であろう。かつての歴史的個性の消失はその名前にも現れているということだろう。

しかしかつての歴史的個性の喪失は、再び新たな個性の創出を渇望する。この立派なミュージアムの創設と精力的な活動をはじめ、文学、演劇、音楽、伝統文化の保存など北区は様々な文化活動を積極的に展開している。冒頭に述べた王子稲荷に詣でるきつねにちなんで、現在は大晦日の夜にきつねの面を被った人々によるきつね行列まで行っている。その意味では「個性を喪失したが故に個性を請い求める区」、これが現在の北区の個性なのかもしれない。

22 板橋区立郷土資料館

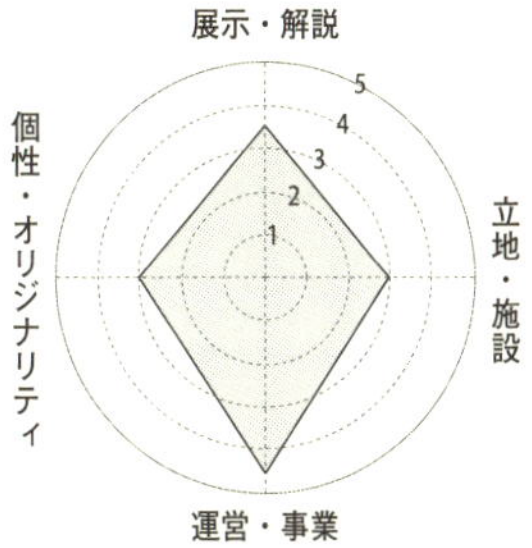

総合　★★★

〒175-0092 板橋区赤塚 5-35-25

03-5998-0081

［開館時間］
9：30 ～ 17：00（入館は 16：30 まで）
［休館日］
毎週月曜日（祝祭日の場合は翌日）、
年末年始

無料

常設展示図録あり

板橋区立郷土資料館は、歴年多彩な学芸活動を行い、その結果として数多くの図録を持つ。その中に『石田収蔵――謎の人類学者の生涯と板橋』という注目すべき図録がある。アイヌをはじめとする北方民族の調査研究に従事した、今となっては無名の人類学者の石田収蔵に、再評価の光をあてようとする貴重な図録である。

石田は、一八七九（明治一二）年に秋田県の現鹿角《かづの》市に生まれた。秋田県の地ながら、江戸期は南部藩に属した鹿角は独特な地であった。興味深いことに、明治以後、この山間僻遠の小さな地から東洋史の泰斗・内藤湖南、十和田湖開発の和井内貞行、女性民俗学者の瀬川清子、日本における行政学のパイオニア・田村徳治（戦前の京大滝川事件において国家権力に抵抗した教授会の中心人物でもあった）、関東学院を設立した坂田祐ら、全国規模の多くの人材を輩出した。石田収蔵もその一人であったといえよう。

石田はその後、青森県八戸に移住したのち金沢の第四高等学校を経て、東京帝国大学動物学科に入る。そこで彼は日本の人類学の先駆者である坪井正五郎と出会い、坪井を師として、大学院時代から本格的な人類学者としての道を歩み始める。石田は一九〇七（明治四〇）年から一九三九（昭和一四）年の約三〇年の間に、五回の樺太調査を行い、多くの資料を収集するとともに膨大なフィールドノートを作った。しかし今日、恩師の坪井正五郎、世界的人類学者として評価の高い鳥居龍蔵、アイヌ語研究の金田一京助などに比べれば、その知名度も評価も圧倒的に低い。それは当時の彼の周辺の人が述べているように、彼が自己顕示欲を示すことを躊躇する性格の人物であったことにもよるが、彼の著した著書・論文は極めて少なかったことが大きい。

本図録の説くところによれば、一九一三（大正二）年、師の坪井正五郎がロシアで客死後、その後任人事に石田が敗れた後、石田は人類学会との距離を置き、研究よりも東京農大での教育に専念したからであった。四〇代以降、彼は高台から荒川を望む景観を気に入り、現板橋区徳丸に住んだ。そこでの晩年に至るまで真摯な研究姿勢は変わらなかったとはいえ、その多くは公表されることはなかったのである。その人物は「不遇」であり、その研究は「謎」であった。石田の収集資料やフィールドノートの一端を紹介し、その再評価と斯学の発展を期したのが、この図録である。

板橋宿という歴史的個性

その板橋区立郷土資料館は、埼玉県境に近い板橋区の西の端に位置し、都営三田線西高島平駅から徒歩十数分の距離にある。赤塚溜池公園の横にあり、近くには区立美術館もある。多くの人びとが集まるような立地条件ではない。公園内の小さな池の周囲には、釣り人たちがのどかに釣り糸を垂れている。資料館は東京の他区にさきがけて一九七二(昭和四七)年に建設されたが、一九九〇(平成二)年にリニューアルされ、そのせいか堅苦しい学校教育型展示ではなく、明るくビジュアルでシャレた展示になっている。

一階の常設展示スペースはそれほど広くはなく(従って常設展示も時に模様替えされる)、二階の企画展示スペースとほぼ同じ広さである。ミュージアムレストランはなく、刊行図書を中心とする販売コーナーがあるだけである。『常設展示図録』は簡潔に展示を説明してあり、「解説シート」も常置している。なお、裏庭には寄棟、茅葺き、四つ間取り(田の字型の間取り)の典型的な古民家が移築され民俗館となっている。

入り口を入ると一般用と小中高校生用の入場者カウンターの機械が二つ置かれている。筆者が入ったのは平日の午後一時半頃であったが、一般用はすでに三〇の数字が刻まれ、小中高校生用は夏休み期間でもあり三九に達していた(なお二度目に訪ねた時は、平日正午で一般用は二〇、小中高校生用は〇であった)。明るくビジュアルなところが受けているのであろう。それなりによく活用されている資料館といえよう。

区名の由来となった「板橋」は、現在でも石神井川にかかる小さな橋（現在は板の橋を模したコンクリート製）として存在している。通常、歴史的には板橋といえば品川、千住、新宿と並ぶ江戸四宿の一つ、板橋宿を連想する。従って筆者がこの資料館を訪れる前に持っていた期待は、他のかつての宿場町の資料館（新宿区や品川区のミュージアム）と同様、展示の中心が、江戸期の板橋宿という宿場町の巨大なジオラマ模型だろうという期待であった。しかしこの期待は完全に裏切られる。そんなものはどこにもなかった。

この資料館の展示に関するこだわりは、なかなかに個性的である。『常設展示図録』によれば、中山道・板橋宿という「イメージが強すぎるがゆえに、ほかの分野がおろそかにされている」のであり、「板橋の中心をなしているのは」、古代から農業を中心とした「自然と戦う『いたばしびと』」であって、板橋宿は「一つの歴史事象にすぎない」とする。主役はいつの時代も、あくまでこの地の住民なのだというこだわりである。この資料館が展示するのは、中山道と板橋宿といった「『マチ』的要素」ではなく、原始古代と江戸近郊農村としての「『ムラ』的な展示」をめざすというのである。一つの見識であろう。ミュージアムがこうした独自のコンセプトを主張することは重要であり、敬意を表したい。実際、江戸四宿の繁栄は、純粋な宿場としての繁栄のみではない。四宿は数多くの飯盛女という女郎を持ち、そのことが旅人のみならず江戸市中から男たちを引きつけたのである。身を売る境遇に落ちざるをえなかった女たちとその女たちに寄生する「悪所」が、四宿の繁栄を支えたのであり、大見得を切って自慢することではない。

とはいえやはり四宿の一つとしての板橋宿は、板橋区の大きな歴史的個性であろう。その個性が今日の尺度からして良いか悪いかはともあれ、その区のもつ個性を表現することは区立ミュージアムの使命であり、区の大きな個性を展示から抹殺してよいものではないだろう。もっとも、後に学芸員から聞いたところによれば、当初、板橋区の博物館構想として、「マチ」場と「ムラ」場の双方に博物館を建設し、「マチ」場の博物館で中山道と板橋宿を中心とした展示をする目論見であったという。しかし現実には、「ムラ」場の現在の資料館のみが建設され、「マチ」場の博物館は頓挫した。であるならば、現在の資料館にもスペースをつくり宿場に関する展示すべきではないだろうか。そうでないと、結果としてどこにでもあるような農村の歴史として、板橋区の個性を表すような展示にはなっているとはいえない。

「生きる」「暮らす」「戦う」

さて『常設展示図録』を参照しながら展示を見てみよう。常設展示室入り口の正面に、「田遊び」のビデオが常時流されている。「ムラ」的な展示をめざすことの象徴的表現であろう。田遊びとは、年の初めに、模擬的に稲作の所作を行いながら、その年の五穀豊穣と子孫繁栄を祈る「予祝」の意味を持った稲作行事である。現在でも、二月一一日の徳丸北野神社、二月一三日の赤塚諏訪神社で行われ、この二つの行事が国の重要無形民俗文化財に指定されている。しかし田遊び自体はこの地の独特の行事ではなく（二三区内ではここだけだが）、全国的に存在する。この地の田遊びがどのような個性や特質を持っているのかは、残念ながら示されていない。ビデオだけでなく分かりやすい解説が欲しいところである。

メイン展示は、時代を三つに区切り、各時代の中心テーマをそれぞれ「生きる」（＝旧石器、縄文、

田遊び（斉藤鶴磯「武蔵野話」1815（文化12）年）

弥生、古墳、奈良、平安）、「暮らす」（＝江戸、明治）、「戦う」（＝明治、大正、昭和そして今）としている。それぞれの時代を「生きる」「暮らす」「戦う」としているが、古今を問わずいつの時代でも人は生き、暮らし、戦ってきたのであり、こうした三つの時代の中心テーマの設定の意図が不明であろう。その明確な説明がない。ともあれ展示室の中央部に模型と映像とを複合的に用いた三つのパノラマ展示がある。「ＵＭＵ（ウム）と呼ばれる特殊なガラスを効果的に用いることにより、不思議で子供にもわかりやすいもの」としているという。たしかにこうした展示は他の区立のミュージアムにはない試みであろう。弥生時代の村、江戸時代の徳丸村、太平洋戦争末期の上板橋のパノラマが展示されている。

展示室の壁際に沿って、「生きる」「暮らす」「戦う」のそれぞれの時代の事物が展示されている。現板橋区は、古代律令制下では武蔵国豊島郡に属し、中世には秩父氏の一族・豊島氏がずっとこの地を領した（太田道灌によって豊島氏が放逐されるまで）。しかしこれらに関する展示はない。多少とも板橋区の個性を表す展示を拾ってみれば、「暮らす」（江戸時代）の徳丸ケ原における高島秋帆による砲術訓練の展示であろう。大団地で知られる現在の高島平の地域は、江戸期には徳丸ケ原と呼ばれ、将軍の鷹狩り場であった。外国船が出没するようになる江戸後期、この地は砲術訓練の地ともなり、毎年訓練

徳丸ケ原調練図

が行われた。なかでも一八四一（天保一二）年、西洋砲術の第一人者である長崎の人、高島秋帆は近くの松月院（秋帆の遺品が今に残っている）を本陣として、幕府監察使や諸侯・旗本の見守る中、西洋式の大砲実射撃や鉄砲隊の演習を行い、成功を博した。徳丸ケ原の名はおおいに世間に知られることとなるが、のちにこの地は高島秋帆の名に因んで「高島平」となる。

近代以降の「戦う」という展示で注目されるのは、日本における近代工業発祥の地の一つとしての展示である。江戸期において板橋には、日本最大の藩である加賀藩の広大な下屋敷があったことが知られている。その縁で金沢市と板橋区は現在でも交流をしている。その敷地は、幕府から拝領した当初は六万坪であったが、その後徐々に拡張し、ついには二一万坪にもなった。その広大な地を、与力を含むわずか五七人で管理したという。一八七六（明治九）年に、この加賀藩下屋敷の跡地に「板橋火薬製造所」が建設される。その指導にあたったのが澤太郎左衛門であった。江戸生まれの澤は、高島秋帆に西洋砲術を学び、長崎海軍伝習所（第二期）で学んだ後、榎本武揚らとともにオランダに留学、帰国後は函館戦争に参加して捕らえられたが、特赦を得て板橋で火薬製造の指導にあたった。以後板橋は、太平洋戦争終戦まで、軍需産業の要所となったのである。

戦後、軍需産業のなかでもカメラや双眼鏡といった光学器械が民生用として発達し、高度成長期には、板橋区は写真・光学・精密機械工業の一大産地となった。一九六二〜六三（昭和三七〜三八）年頃には、日本の主要精密機械の出荷額の七割は板橋区で生産されたという。日本の戦後復興と経済成長に大きく寄与したのである。その後、生産の拠点は途上国に移り、板橋にかつての精彩はない。しかし高度な技術と付加価値をもった独自な製品を製造することで「イタバシブランド」を高めようとしている。独自の一眼レフカメラが多く展示されていた。

「最も個性がない区」という個性

なお展示はされていないが板橋宿に多少触れたい（『中山道と板橋宿』というすぐれた図録がある）。江戸から二里半、中山道の第一宿である。上宿、中宿、平尾宿に分かれ、本陣は中宿にあり、脇本陣はそれぞれに一軒ずつあった。上宿と中宿の間を流れる石神井川にかかる橋が、区名発祥の板橋である。上宿のはずれに（現在も）あるのが、当時有名であった「縁切榎」である。この樹に祈ると男女の悪縁が切れると言われた。また花嫁行列が通ると不縁になるというので、この道を避けたという。富士講中興の祖といわれる食行身禄は、富士山入定（死去）の時、この樹のあたりで妻子と涙の別れをしたと伝えられる。また幕末、皇女和宮が将軍家茂に降嫁する際にたどったのは中山道であったが、板橋宿通過の際は、この縁切榎をコモで覆い隠したという。新撰組局長、近藤勇が官軍によって処刑されたのはこの板橋宿であった。

本資料館が、赤塚溜池公園の横にあることについては先に触れた。その公園内に、「板橋十景」の掲示板が掲げられている。二〇〇三（平成一五）年に区民の公募で選定されたものである。十景とは、①赤塚溜池公園周辺、②板橋、③いたばし花火大会、④志村一里塚、⑤石神井川の桜並木、⑥松月院、⑦田遊び、⑧高島平団地とけやき並木、⑨東京大仏、⑩南蔵院のしだれ桜である（順位をあらわすものではない）。正直なところ、ベスト10にしては、個性的なものとして物足りない。もっとも赤塚溜池公園周辺は区内最大の自然地形や緑が残る地域であるが。

ところで板橋の「橋」とは、境界であるとともに「通過」するものである。板橋宿の「宿」もまたしかり。通過するものであってとどまるものではない。実際、歴史の中で、橋や宿を通って多くのモノやヒトが通過して行った。そこにとどまり、蓄積されることによって区全体としての個性が形づくられるが、それができにくい。高島秋帆も澤太郎左衛門も外から来て外へ去って行った。軍需産業も精密工業も興隆し衰退した。区立資料館でさえ区の個性をわざわざ表現しようとはしない。板橋区の個性とは二三区内で「最も個性がない区」であるかもしれない。新しい個性ある板橋の形成は、個性的な博物館の拡充とともに、今後の板橋区民にかかっているといえよう。

23 石神井公園練馬区立ふるさと文化館

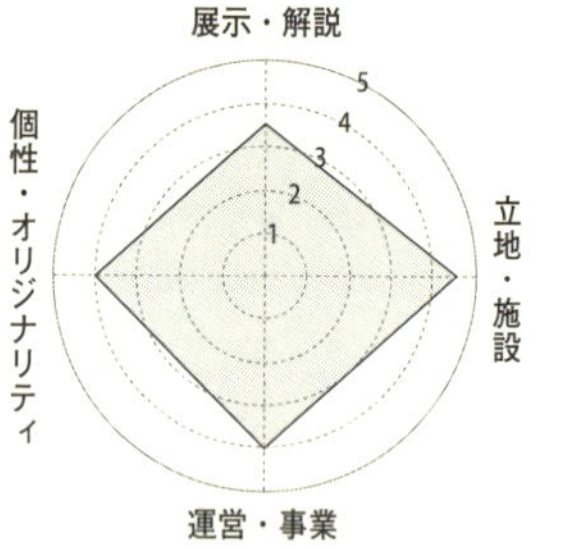

総合　★★★★

〒177-0041 練馬区石神井町 5-12-16

03-3996-4060

［開館時間］
9：00 ～ 18：00
［休館日］
月曜日（月曜日が祝休日のときはその直後の祝休日でない日）、年末年始（12 月 29 日～ 1 月 3 日）

無料
※特別展観覧料は有料

常設展示図録あり

練馬といえば真っ先に練馬大根が思い浮かぶ。練馬区立ふるさと文化館には、この練馬大根に関する包括的な調査研究書である『新版　練馬大根』があり（二一〇〇円と高額だが）、普段何気なく食べていた大根と沢庵漬に関する蒙を啓いてくれる好著である。以下、その書に従う。

大根そのものは、はるか古代から世界中で栽培された。栽培大根の発祥は東地中海地域とする説が有力であるらしい。日本には古くに中国を経て伝わったが、日本の大根は「世界で最も変化に富み、多くの品種分化を遂げている」。古代から大根は『記』『紀』以来、様々な文献にも登場する。その名称も多様であり、「おおね」「すずしろ」「かがみぐさ」「からもの」などと呼ばれた。古くから「蔬菜第一」といわれて、生で、煮て、焼いて、漬けてと様々な料理に使われ、日本人の食生活を支えてきた。近世に至り、品種改良が盛んに行われ、その使用は多様化した。

練馬大根は、おそらく江戸中期頃に生み出された。江戸が急速に都市化し、人口急増に伴う蔬菜の需要に応えるため、練馬に大根が大量に栽培された。その中から新種の練馬大根が誕生したのである。その誕生由来として、将軍になる前の徳川綱吉が尾張国から宮重《みやしげ》大根の種子を求め、練馬の地に栽培させたとする説が伝わるが、遺伝学上、練馬大根には宮重大根の遺伝現象が認められず、古くからある品種と北支那系の品種との交雑によってできたものと考えられる。日本には北支那系の品種はなかったが、八代将軍吉宗の時代、小石川の御薬園で様々な植物を支那から導入して栽培しており、その中の北支那系大根と交雑して練馬大根が誕生したものと推測される。練馬大根は、円い桜島大根ほどの太さはなく、細長い守口大根ほどの長さはないにしても、太くて長い大根である。

江戸前期には、沢庵漬も生まれた。すでに弥生時代には塩や味噌を用いた保存のきく漬物が考え出された。平安時代には粕漬や糠漬が文書に残っている。塩漬や糠漬の大根は平安の頃から普及していたことが知られている。こうした中、糠漬けとは異なり攪拌せず重石を利用して塩と糠で漬ける沢庵漬が江戸前期に生まれた。その誕生由来については、①沢庵禅師（品川区の章で述べた）が明の国から伝え改良した、②「たくわえ漬」（貯蔵に効く漬物）と呼ばれていたものが転じてたくあん漬となった、③漬物の重石が沢庵禅師の墓石に似ていることから重石を用いて漬ける大根漬を沢庵漬と名付けた――など諸説がある。練馬大根はこの沢庵漬にとりわけ適した。

江戸中期以降、練馬大根は日本一の名声を博し、生大根、干大根、沢庵漬として生産が急速に拡大していった。その生産は現練馬区のみならず、現板橋区、中野区、杉並区、北区、豊島区、武蔵野市など江戸西郊一帯に広がる。江戸・東京の食生活を支えた重要な食材の一つである。練馬は沢庵漬の最大の産地であり、明治以降は「東京沢庵」の名で全国に（海外へも）出荷されたという。その最盛期は明治後期から大正期である。日露戦争とともに練馬の沢庵は軍隊に大量に納められ、のみならず近代資本主義の発達によって鉱山や炭鉱、工場や船舶、学校や病院などの寄宿舎用に大量に出荷された。

しかし昭和期以降は、急速な都市化の波が練馬の地にも押し寄せ、またモザイク病などの影響により、大根栽培が減少していった。とりわけ高度成長期に生産量を急激に減らし、一時はほとんどつくられなくなった。一九八〇年には「練馬に大根がなくなった日」という歌謡曲がクラウンレコードから発売され、池袋サンシャイン劇場で芝居公演までなされたという。しかし一九八九年から練馬区では「練馬大根育成事業」を実施し、復活に向けた取り組みが行われている。なお現在、練馬区は東京二三区の中では農地面積が飛び抜けて広い。しかし最も多く生産されているのは大根ではなく、キャベツである。

練馬区に見る農民の食生活

さてそれでは練馬区立ふるさと文化館へ行こう。西武池袋線の石神井公園駅で降り、途中の石神井公園の中を歩く。公園内の細長い池の周囲が散歩コースになっている。散歩好きの作家、藤沢周平がこの近辺の大泉学園に住んでいたが、石神井公園をよく散策したことであろう。そのはずれにふるさと文化館がある。他の多くの区立博物館のように、駅からの距離はかなり遠い。とはいえ石神井公園という観光スポットに立地したことは次善の策であろう。

二〇一〇年にオープンしただけあって、しゃれた美術館風の魅力的な建築物である。入り口を入ったところに広い「わがまち練馬情報コーナー1」がある。練馬区全体の立体地図、練馬の自然や生物、風景一〇〇選や散策コース、伝統工芸、練馬に因んだ創作商品、石神井公園の紹介などが展示され、パソコンによる情報検索コーナーがある。なかでも来館者が掲示板に情報を書き込むことができる「口コミ情報マップ」というコーナーがあるのが面白い。区立ミュージアムとして、過去の歴史のみならず現在の区の様々な情報を提供することの意義は極めて大きく、他区には無い本ミュージアムの大きな個性となっている。現在の情報を提供することで、歴史ミュージアムが過去の歴史を知るのみならず、未来の歴史を作る機能を持ちたいものである。

一階には、その他にレストランとミュージアムショップ、及び各種の講座を開く三つの会議室がある。とりわけ区立博物館ではレストランがあることは稀である（レストランというより「うどん店」というべきか）。そこでは武蔵野名物である「武蔵野うどん」を供している。武蔵野うどんは、讃岐うどんにくらべても遜色ないくらいに麺が太くコシがあり、おかずを多く入れたダシ汁に「付け麺」風にして食する。江戸東京といえばソバを連想するが、本来、畑作が中心であった武蔵野台地には、江戸期以来、一面の麦畑が広がっていた。年中行事や各種の講、婚礼や葬式などの人生儀礼といった行事には、欠かさずに御馳走としての手打ちうどんが作られた。「人が集まればうどんを打つ」という、武蔵野一帯はうどんの一大食文化圏であった。このレストランには残念ながら大根料理はない。ミュージアムショップには、各種図録や報告書の他、練馬大根に因んだ「ねりま大根ペンケース」や「ねりま大根くん手芸キット」などのアイテムなどが売られている。

私が訪問した時、来館者のあるオジサンが独り言で、「こんなところに金をかけやがって」とイマイマシそうに本館建設批判を言っていたのを偶然に耳にした。偽らざる市民感覚の現状であろう。日本の文化政策は、この言に反論する説得力ある明確な論理を今に至るまで持たないように思える。

お目当ての常設展示は二階にある。本ミュージアムが重視するのは「体験型ミュージアム」を企図している点である。各コーナーに、さわる、使う、動かすといった「ハンズオン」を組み込んでいる。中には子どもたちが触りすぎて壊してしまったものもある。もう一点、本館の特徴は、常時、ボランティアの解説員（「サポーター会員」）がいることである。江東区のミュージアムとともに本館の先進的な取り組みが伺われる。ともあれ、これからのミュージアムは、区民の〈参加〉〈体験〉、それによる〈感動〉という要素が欠かせないが、本館は二三区のなかでも最も進んだ取り組みを行っているといえよう。『常設展示ガイド』が三一〇円と安いのがいい。内容も他の区立博物館の高額な図録と遜色はない。

展示室はそれほど広くなく、展示は充実しているとは言えないけれど、練馬区の個性を打ち出そうとしている。入り口の幕に、

武蔵野は　月の入るべき山もなし　草より出でて　草にこそ入れ

という古代の詠人《よみひと》知らずの歌が掲げられている。古代律令制下、現・練馬区は武蔵国豊島郡に属したが、武蔵の国府（現東京都府中市）から下総の国府（現千葉県市川市）に至る道は、行けども行けども葦荻の茂げる大草原であった。その途中に、現練馬区のなかに乗潴《のりぬま》駅があり、それが練馬の地名発祥説（のりぬま→ねりま）の一つになっているのは、杉並区の章で述べたとおり。

中世（鎌倉・室町時代）には、秩父氏の流れをくむ名族・豊島氏が、石神井城や練馬城を築いてこの

一帯を支配した。のちに太田道灌により駆逐されて横浜方面に逃走した後、その本流は滅亡した。以後この地は太田氏の勢力下となり、その後小田原北条氏にとって代わられた。

この館の展示の中心は練馬区の個性を表す練馬大根とそれを取り巻く農村の生活である。まず目に飛びこんでくるのは巨大な漬物樽とその左右にある多くの干大根模型である。沢庵漬用の樽として、「とうご（斗桶）」と呼ばれる大樽、最も活用された四斗樽、輸送に使われた一斗樽や二斗樽があるが、展示されているのは大樽である。一度に四〇〇〇本以上の沢庵漬を製造することができたという。その上に重石が乗せてある。一つが三〇～五〇キログラムの丸石を三〇個以上積み上げて重しにした。かつて食べられていた大根料理（千切大根の煮つけ、たくあん、はりはり大根、ふろふき大根、汁物）の模型展示もある。

漬物樽（大樽）と干大根模型

戦前までのこの地の農民の食生活は、通常は麦飯（大麦が八割程度、陸稲が二割程度）の主食、漬け物などの副食、味噌汁というものであり、庶民が白米を常食した江戸とは異なり、日本の他の多くの地方と同様、米の割合はそう多くはないのが常食であった。ちなみに日本人全体に白米食が普及したのは新しく、配給米制度が確立した戦時中のこととされている。ともあれ当地の年中行事や人生儀礼など、ハレの日の食事は「朝まんじゅう　昼うどん　夜は田んぼの白い飯」といわれ、うどん（「武蔵野うどん」）とまんじゅうの模型展示

鶴の舞

もある。まんじゅうの中身の餡はどのようなものであったのかについての明示はないが、現在の甘いアンコが農村部で食されたのはそう古いことではなく、かつては何もはいっていないまんじゅうであったろう。

練馬の信仰や祭に関する「受け継がれた文化」というコーナーがある。その中に、「鶴の舞」と「神輿渡御行列図絵馬」が展示されているが、絵馬は、この地の氷川神社の祭礼で、この神社発祥の地である「おはま井戸」という所まで神輿を渡御する「神輿のお里帰り行事」の行列を描いたものであり、その際、「おはま井戸」で、鶴の冠をかぶって雌雄一対の鶴に扮した演者二人が、太鼓に合わせて紋付きの羽織をひろげて羽ばたくように舞うのが「鶴の舞」である。区指定の「無形民俗文化財」としては唯一のものであり、おそらく全国のどこにもないこの地の独特な伝統行事であろう。

最も先進的で個性的なミュージアム

練馬大根と並ぶ練馬区の個性は、日本アニメ発祥の地であるということである。日本初のカラー長編アニメ映画「白蛇伝」、日本初のテレビアニメシリーズ「鉄腕アトム」が区内で制作され、現在でも区内には多くのアニメ制作関連会社が集まっているという。「練馬とアニメーション」というコーナーにはアニメの様々な資料とともに、アニメーションを撮影する巨大なマルチプレーンカメラスタンドが展

マルチプレーンカメラスタンド

示されている。アニメ制作の草創期から使用されていたものであり、この撮影台で「西遊記」をはじめとして「ホルスの大冒険」「宇宙戦艦ヤマト」「銀河鉄道９９９」など多数が撮影されたという。

定期的に展示替えをする「トピックス　練馬の文化人」として、世界的な植物学者、牧野富太郎に関する展示がある。牧野は高知県出身ながら、関東大震災の後の一九二六（大正一五）年に練馬区東大泉に移り住み、一九五七（昭和三二）年の死に至るまで三二年間を過ごした。区内に関係ある特徴のある様々な人物（いわゆる偉人のみならず）を紹介することは、基礎自治体のミュージアムにとって大きな役割であろう。

二階には以上のような常設展示室の他、企画展示室に加え、「わがまち練馬情報コーナー２」という、絵画や写真など、区民の作品を展示するコーナーも設置されている。基礎自治体のミュージアムにはこのスペースは今後、不可欠であろう。さらに広いスペースの「交流ライブラリー」があり、区の歴史・民俗・自然などに関する図書が並び、史跡公園に面した明るい窓際には、机と椅子も配置されて勉学するにも適している。

このミュージアムの建物の横には池淵史跡公園が整備されており、様々な馬頭観音や板碑などが配置されるとともに、茅葺き屋根の「旧内田家住宅」が、屋外展示施設として置かれている。かつての練馬区は、屋敷林に囲まれた茅葺き屋根の農家が点在する近郊農村であったが、その典型的な民家であったであろう。

このミュージアムは、展示そのものはそれほど充実しているとは言い難いが、新しい展示手法を多く取り入れるとともに、レストランやミュージアムショップも含めて、極めて多様な機能を併せ持っている。本ミュージアムは二三区の中でも、最も先進的で個性的なミュージアムであるといえよう。ミュージアムを通して、区民一人ひとりが地域の多様な文化を認識し、体験し、感動し、行動への意欲を持ち、生きがいを持つことも可能だろう。自分自身の豊かな人生や地域づくりへの参加へのきっかけともなる。これが、前述のオジサンの怒りに満ちた独り言への、筆者（の文化政策論）なりの答えである。

練馬区の個性とは「練馬大根である」かのように、大根のみに関わらせていることに、練馬区民の反発も多いだろう。一人ひとりの区民が、新しく練馬区の個性を解釈していただきたいものである。

むすびにかえて

地域（市区町村）の博物館に関する一般の人々の認識は希薄である。そもそも日本では、「地域の博物館は何のためにあるのか」、「地域が博物館を創る意義とは何か」、「地域博物館は地域社会にとってどういう意味があるのか」――この種のテーマに対する正面きっての議論はあまりないだろう。「はじめに」でも多少触れたが、ここでは地域の博物館の意義を整理してみよう。

地域博物館の主要な意義（目標）とは、

①教育学習の実践

博物館は学校教育の支援と社会教育・生涯学習のための機関である。従来はこの点のみが強調されてきた。

②創造力の培養

博物館での体験を通じて、人々のインスピレーションを刺激し、生活の多方面にわたって人々の創造性を養う。そのことが地域の創造力につながる。

③市民活動活性化への貢献

博物館という「場」で地域の人々の「つながり」を強め、地域で取り組む様々な協働を活発化させる。

④経済活性化への貢献

博物館の展示・活動が、その地域のイメージを創造・刷新することで、地域の好ましいイメージを形成し魅力を高めることで、観光やビジネス立地にも好影響を及ぼす。あるいは地域産業と連携し、さらには「新産業創出」の可能性をも持つ。

⑤市街地活性化への貢献

市民の様々協働や経済活性化とも関連しながら、近年「シャッター街」が多くなった市街地における賑わいの創出や市街地の活性化に貢献する。

⑥福祉への貢献

博物館で障害者や高齢者が働くとともにその作品が展示され、あるいは古い生活用具を活用する回想法を取り入れて認知症ケア事業を行うなど、福祉活動を担う。

なおこの福祉という点（あるいはもっと広く）で、イギリスの「博物館・文書館・図書館会議」が二〇〇一年一〇月に刊行した『地域のルネッサンス：イングランドの博物館の新しいビジョン』という報告書が注目される（これについてはいくつかの紹介論文があるが、南夏樹「博物館が提供する価値とは何か」『博物館学雑誌』所収が詳細に論じている）。それは、博物館の主要な目標の一つとして、「社会的包摂（ソーシャル・インクルージョン）の推進」を挙げていることである。「社会的包摂」という言葉はようやく日本でも市民権を得つつあるが、いうまでもなくイギリスのブレア政権が、現代社会の根本問題である「社会的排除」に対して提起した対概念である。それは、急激な社会経済の変化に伴う社会的ネットワーク（共に支えあう機能）の弱体化によってもたらされる、不安定な仕事、失業や貧困、ひきこもりや虐待、差別、犯罪、家庭崩壊、自殺などの問題に対して、「つながり」を再構築し、社会の構成員として包み支えあおうとすることを意味する。イギリスの報告書は、博物館にこうした役割までも期待しようとするのである。

イギリスの報告書がこうした点まで踏み込んで博物館を論じたのは、これからの博物館が社会の諸問題に積極的に関わっていこうとする社会貢献の意欲であり、従来の博物館概念では考えられなかった「博物館概念の拡大」である。

「まちづくり」の拠点としての博物館

筆者もまた、地域博物館の役割として期待したいのは、すべての市民一人ひとりのエンパワーメントであり、地域社会全体のエンパワーメントである。そのために個人の発達に資する生涯学習機能を充実させると共に、個人にインスピレーションを与え、創造力を養う展示や活動が必要であり、そうした個人の地域における活動を通じて、地域社会全体（経済のみならず）の活性化（それは広く「まちづくり」と言って良いだろう）がもたらされる。そしてその最も基本にあるのが、地域の個性を表現（「見える化」）する博物館の機能であることは前述の通りである。

そうした観点から、全国の基礎自治体の博物館について、とりわけ筆者が力説したいのは次の二点である。

①博物館は市区町村の様々な個性やアイデンティティを積極的に表現すべきである

②博物館は市区町村の市民が多様に参加する「まちづくり」の拠点であるべきである

以下、簡単にそのことを説明したい。

「地域」という語を市区町村という行政的区分に限定することに反対する議論もあるが、これからの分権の時代は、人々の生活を中心的に担っていくのが、もはや国でもなく広域自治体（府県）でもなく、基礎自治体（区市町村）であるという認識がまずある。地方自治の原則としての「補完性と近接性の原則」、つまり行政は、市民に最も身近な（近接した）基礎自治体が行うべきであり、基礎自治体でやりきれないものを広域自治体が補完し、さらに広域自治体でもできないことを国が補完するとする原則は、今や広く共有されている。これからの時代は、基礎自治体こそが最重要な政治社会単位となるべきものである。そうなれば国の政治に過剰に一喜一憂することなど無くなるであろう。筆者が基礎自治体の博物館にこだわる所以である。

その市区町村（基礎自治体）の「まちづくり」の基本となる考え方の一つは、その自治体の個性やアイデンティティを発見し、明確化するとともに、それを維持・発展させ、その中から新たな個性やアイデンティティを創造しながら、個性的な自治体を作り上げていくことにある。自治体の個性やアイデンティティとは何か。それはその自治体のこれまでたどってきた経緯の中で蓄積されてきたものであり、歴史の中で形成されてきたものである。つまり自治体の個性やアイデンティティとは、その自治体の歴史の総体に他ならない。

自治体内にある個性的な自然といえども、そこに住む人々との交流の歴史をもつ。人々は自然から影響を受け、自然に対して闘い、働きかけ、共生してきた長い歴史がある。その意味で個性的な自然といえども、やはり歴史なのである。筆者が「歴史系」博物館にこだわる所以である。

であるならば、歴史を経てきたどの市区町村地域でも、必ず多くの個性を持っている。ある地域（自治体）に住む人が、わが地域のそんな特徴や個性とは何かと考えたとき、また他からその地を訪れた人が、その地の特徴や個性は何かと知りたいとき、それを一目瞭然に表しているものが必要であろう。それを可能にするのが、まさにその地の博物館（ミュージアム）に他ならない。それゆえ市区町村は、その地の特徴や個性を浮かび上がらせるような博物館を創設すべきであろう。これからの分権時代の市区町村の「まちづくり」には、市区町村博物館の役割が極めて大きいといえる。

一九七〇年代半ばからしきりに使われるようになった「まちづくり」という言葉は、従来型の上からの行政計画や都市計画という言葉に代わって、「市民の参加」によって「総合的」に「地域振興」をはかるという意味を内包した概念である。地域住民の意見を政策に反映させながら、行政と一体化した地域づくりを意味しているといわれる。

実際、より多くの市民が知恵を出し合い、協力し合いながら参加することによって、その地域はより活性化し繁栄するだろう。市民が協力し参加することによって、地域への愛着や一体感が生まれ、その地は市民のほんとうの「ふるさと」となる。それは、感傷的に望む遠く離れた生誕地であるよりも（もはやそこには別の人々の別の生活がある）、今住む地域で地域の人々とともに、その地の個性に基づき、新しい個性の創造をめざしながら活動するなかにあるだろう。

その意味では、基礎自治体の博物館とは、まさにまちづくりの拠点ともなる可能性を持っている。「まちづくり」政策の基点にあるのは、本来、博物館を中心とする自治体文化政策であるといっても過言ではない。博物館は過去の歴史を知るためのみならず、未来の歴史を作るためにもあるといえよう。

既に述べたように、日本の基礎自治体の博物館は一般的にはなお貧弱である。博物館の存在意義が、市民にはもちろん行政担当者にも十分に認識されているとはいえないだろう。博物館建設や運営の予算は、単なる金食い虫程度にしか思われていないのが現状である。従来からの博物館の機能は、資料の①収集、②保管、③調査（研究）、④展示（教育・普及）にあった。しかし今や博物館には新たな機能が求められ、博物館概念の拡張した多彩な博物館が出現しつつある。単なる展示から活用と創造への機能であり、「まちづくり」の中核的役割を果たす機能である。

その地域の個性的な資源に光をあて、その再利用をめざしながら、住民が参画共同して地域づくりに取り組み、地域の文化、経済、産業を新たに創造してゆく。それはまた同時に、地域の人々に生きがいを発見させ、夢を実現に結びつけていくことでもある。そうしたことが「社会的包摂」につながっていく。基礎自治体の博物館は、そんな博物館へと変貌していってほしいと、筆者は願っている。

主要参考文献

はじめに
玉村雅敏『地域を変えるミュージアム』英治出版、二〇一三年

千代田区立日比谷図書文化館
ロラン・バルト著、宗左近訳『表徴の帝国』ちくま学芸文庫、一九九六年
『日比谷図書文化館常設展示図録』千代田区教育委員会、二〇一二年
内藤昌『江戸と江戸城』講談社学術文庫、二〇一三年
『文化都市千代田―江戸の中心から東京の中心へ―』千代田区教育委員会、二〇一二年

中央区立郷土天文館（タイムドーム明石）
市村佑一・大石慎三郎『鎖国　ゆるやかな情報革命』講談社現代新書、一九九五年
『中央区歴史・観光まち歩きガイドブック』中央区立郷土天文館、二〇〇七年
鬼頭宏『文明としての江戸システム』講談社学術文庫、二〇一〇年
吉田伸之『成熟する江戸』講談社学術文庫、二〇〇九年
『長谷川時雨　その生涯と業績』中央区立郷土天文館、二〇〇八年
西山松之助『江戸文化誌』岩波書店、一九八七年

港区立港郷土資料館
『江戸の外国公使館』港区立港郷土資料館、二〇〇五年
杉浦日向子『江戸アルキ帳』新潮文庫、一九八九年

文京ふるさと歴史館

菅野覚明『武士道の逆襲』講談社現代新書、二〇〇四年
『文京の歴史風景　文京ふるさと歴史観常設展示図録』文京区教育委員会、一九九二年
中山裕一郎監修『全国都道府県の歌・市の歌』東京堂出版、二〇一二年

新宿区立新宿歴史博物館

『新宿歴史博物館常設展示図録』財団法人新宿区生涯学習財団、一九八九年
「新宿歴史博物館常設展示解説シート」
『「柏木・角筈一目屛風」の世界』財団法人新宿区生涯学習財団、一九九〇年
『「蜀山人」大田南畝と江戸のまち』新宿歴史博物館、二〇一一年

白根記念渋谷区郷土博物館・文学館

鈴木伸子『東京はなぜ世界一の都市なのか』ＰＨＰ新書、二〇一二年
『伝説のつわもの渋谷金王丸』白根記念渋谷区郷土博物館・文学館、二〇〇七年
『白根記念渋谷区郷土博物館・文学館常設展示図録』白根記念渋谷区郷土博物館・文学館、二〇〇六年
日野龍夫『江戸人とユートピア』岩波現代文庫、二〇〇四年

豊島区立郷土資料館

溝口禎三『文化によるまちづくりで財政赤字が消えた　都市再生豊島区篇』めるくまーる、二〇一一年
『豊島区立郷土資料館常設展示図録』豊島区立教育委員会、一九八四年
川添登『東京の原風景』ちくま学芸文庫、一九九三年

台東区立下町風俗資料館

宮元健次『江戸の都市計画――建築家集団と宗教デザイン』講談社選書、一九九六年
『台東区立下町風俗資料館図録』台東区立下町風俗資料館、二〇〇三年
『下町はじめて物語』台東区立下町風俗資料館、一九九八年

すみだ郷土文化資料館

『葛飾北斎―すみだが生んだ世界の画人―』財団法人墨田区文化振興財団、二〇〇六年
『すみだ郷土文化資料館常設展示図録』すみだ郷土文化資料館、一九九九年
永井荷風『江戸芸術論』岩波文庫、二〇〇〇年
『隅田川文化の誕生―梅若伝説と幻の町・隅田宿―』すみだ郷土文化資料館、二〇〇八年
『墨田区の民間伝承・民間信仰』墨田区教育委員会、二〇〇八年

江東区深川江戸資料館

加藤周一『日本文学史序説（上）』ちくま学芸文庫、一九九九年
『深川江戸資料館展示解説書』江東区深川江戸資料館、二〇〇六年

荒川区立荒川ふるさと文化館

荒川区自治総合研究所『あたたかい地域社会を築くための指標――荒川区民総幸福度（グロス・アラカワ・ハッピネス）：GAH』八千代出版（第二版）、二〇一〇年
『荒川区立荒川ふるさと文化館常設展示図録』荒川区立荒川ふるさと文化館、二〇〇〇年
『千住で一番　江戸で一番　千住大橋展』荒川区立荒川ふるさと文化館、二〇〇八年
小笠原喜康／チルドレンズ・ミュージアム研究会編『博物館の学びをつくりだす』ぎょうせい、二〇〇六年
山本健吉『芭蕉全発句』講談社学術文庫、二〇一二年

足立区立郷土博物館

『足立区立郷土博物館常設展示図録』足立区教育委員会、二〇〇九年
坪井洋文『イモと日本人――民俗文化論の課題』未来社、一九七九年

葛飾区郷土と天文の博物館

濱口惠俊・金児曉嗣編著『寅さんと日本人』知泉書館、二〇〇五年
『葛飾区郷土と天文の博物館常設展示図録』葛飾区郷土と天文の博物館、一九九二年
『金町松戸関所―将軍御成と船橋―』葛飾区郷土と天文の博物館、二〇〇二年

江戸川区郷土資料室
佐々木克『江戸が東京になった日――明治二年の東京遷都』講談社選書、二〇〇一年
「解説シート」江戸川区郷土資料室、二〇〇六―二〇一一年
『江戸川ブックレット5　地名のはなし』江戸川区教育委員会、一九八九年
品川区立品川歴史館
『品川歴史館常設展示ガイド』品川区教育委員会、一九九七年
『東京湾と品川―よみがえる中世の港町―』品川区教育委員会、二〇〇八年
田中優子『江戸を歩く』集英社新書、二〇〇五年
目黒区めぐろ歴史資料館
「歴史を訪ねて」目黒区、二〇〇四年
「目黒の地名」目黒区、二〇〇四年
柳田国男「武蔵野の昔」（一九一九・二〇年）『柳田国男全集　二巻』所収、ちくま文庫、一九八九年
有坂蓉子『ご近所富士山の「謎」――富士塚御利益散策ガイド』講談社プラスアルファ新書、二〇〇八年
大田区立郷土博物館
『博物館ノート　復刻版』大田区立郷土博物館、二〇〇八年
『馬込文士村散策ガイドブック』大田区立郷土博物館、一九八九年
世田谷区立郷土資料館
『江戸の文人交遊録―亀田鵬斎とその仲間たち―』世田谷区郷土資料館、一九九八年
中野三敏に『江戸文化評判記――雅俗融和の世界』中公新書、一九九二年
『世田谷区の歴史と文化―展示ガイドブック―』世田谷区郷土資料館、二〇〇五年
『文学のまち世田谷　世田谷文学館常設展示案内』世田谷文学館、一九九五年
山﨑記念中野区立歴史民俗資料館

柳田国男「幽冥談」(一九〇五年)『柳田国男全集　三一巻』所収、ちくま文庫、一九九一年
『常設展示図録―武蔵野における中野の風土と人びとのくらし―』中野区立歴史民俗資料館、一九八九年
「たずねてみませんか中野の名所・旧跡」中野区立歴史民俗資料館、一九九四年
柳田国男「武蔵野雑談」(一九一四・一六年)『柳田国男全集　二巻』所収、ちくま文庫、一九八九年

杉並区立郷土博物館

清水久夫編『こころにしみるなつかしい日本の風景――近代の浮世絵師・高橋松亭の世界』国書刊行会、二〇〇六年
『杉並区立郷土博物館常設展示図録』杉並区立郷土博物館、一九九〇年
井伏鱒二『荻窪風土記』新潮文庫、一九八七年

北区飛鳥山博物館

『北区飛鳥山博物館常設展示案内』北区教育委員会、一九九九年
『名所の誕生～飛鳥山で読み解く名所プロデュース～』北区教育委員会、二〇〇八年
西山松之助『江戸庶民の四季』岩波書店、一九九三年

板橋区立郷土資料館

『石田収蔵―謎の人類学者の生涯と板橋―』板橋区立郷土資料館、二〇〇〇年
『東京都板橋区立郷土資料館常設展示図録』板橋区教育委員会、一九九〇年
『中山道と板橋宿―夜明け前の世界―』板橋区教育委員会、一九九二年

石神井公園練馬区立ふるさと文化館

『新版　練馬大根』練馬区教育委員会、一九九八年
『常設展示ガイド』練馬区立石神井公園ふるさと文化館、二〇一〇年

むすびにかえて

南夏樹「博物館が提供する価値とは何か――博物館セクター活性化のための視点」『博物館学雑誌』第三六巻二号、二〇一一年

干場 辰夫（ほしば　たつお）
1952年、石川県生まれ。京都大学法学部卒業。同志社大学大学院博士課程を経て、大学教員、国会議員政策担当秘書、市議会議員を歴任。政治学、文化政策論、日本文化論を研究。著書に『日本社会のグランドデザイン』（日新報道）、『現代政治』（共著：法律文化社）等がある。

東京23区　区立博物館“辛口”批評

2013年10月25日　　初版第1刷発行

著者 ――― 干場辰夫
発行者 ―― 平田　勝
発行 ――― 花伝社
発売 ――― 共栄書房
〒101-0065　東京都千代田区西神田2-5-11 出版輸送ビル2F
電話　　03-3263-3813
FAX　　03-3239-8272
E-mail　　kadensha@muf.biglobe.ne.jp
URL　　http://kadensha.net
振替 ――― 00140-6-59661
装幀 ――― 三田村邦亮
印刷・製本 ― 中央精版印刷株式会社

ISBN978-4-7634-0679-8 C0076